Nicolas Kirsch

Warum Bewegte Schule zu besseren Lernergebnissen führt

Der Zusammenhang zwischen Lernen und Bewegung

Bibliografische Information der Deutschen Nationalbibliothek:

Die Deutsche Nationalbibliothek verzeichnet diese Publikation in der Deutschen Nationalbibliografie; detaillierte bibliografische Daten sind im Internet über http://dnb.d-nb.de abrufbar.

Impressum:

Copyright © Studylab 2020

Ein Imprint der GRIN Publishing GmbH, München

Druck und Bindung: Books on Demand GmbH, Norderstedt, Germany

Coverbild: GRIN Publishing GmbH | Freepik.com | Flaticon.com | ei8htz

Inhaltsverzeichnis

1 Einleitung 1

2 Was versteht man unter Lernen? 3

3 Wie lernen wir? 6

   3.1 Neurobiologische Grundlagen 6

   3.2 Lerntheorien 10

   3.3 Was brauchen Kinder zum Lernen? 16

4 Schule als optimaler Lernort? 21

   4.1 Wie wird in der Schule gelernt? 21

   4.2 Alternative Erziehungskonzepte 24

5 Schule muss bewegt sein 31

   5.1 Entstehung der Bewegten Schule 31

   5.2 Begründungsmuster 33

6 Strukturmerkmale einer Bewegten Schule 42

   6.1 Dynamisches Sitzen und Bewegter Unterricht 42

   6.2 Bewegungspausen und Entspannung 44

   6.3 Bewegter Schultag und Bewegte Pause 46

   6.4 Bedeutung des Sportunterrichts 47

   6.5 Zusätzliche Gesundheitsförderung 49

   6.6 Arbeit mit Kooperationspartnern 51

7 Fazit 54

Literaturverzeichnis 55

1 Einleitung

Als Sportstudent und angehender Sportlehrer muss ich immer wieder feststellen, dass es um die motorischen Fähigkeiten und die körperliche Fitness unserer Jugend zunehmend schlechter bestellt ist. In meiner Tätigkeit als Jugendtrainer in einem Sportverein und während meiner Schulpraktika ist mir aufgefallen, dass sich die Zahl der sporttreibenden Kinder in den letzten Jahren enorm verringert hat. Ein Großteil der Kinder weist schon in frühem Alter Anzeichen von Adipositas auf und zeigt motorische Defizite in verschiedenen Bereichen. Viele Schülerinnen und Schüler wirken nicht richtig ausgelastet, erleben Schule als Stress und scheinen mit dem Unterrichtsstoff überfordert zu sein. Wenn ich mich an meine eigene Schulzeit zurückerinnere, muss ich daran denken, wie viel Spaß mir der Sportunterricht, vor allem aber das Fußballspielen in der Pause immer gemacht hat. Sobald die Pause begann, kamen Schüler aus unterschiedlichen Klassenstufen auf der Wiese neben unserem Schulgebäude zusammen und es ging sofort los, um die kurze Zeit voll auszunutzen. Häufig kam es vor, dass unsere Lehrer uns extra auffordern mussten, unser Spiel zu beenden und wieder in den Unterricht zu kommen. Die Möglichkeit, sich zwischen den Lernphasen zu bewegen, empfand ich nicht nur als nette Abwechslung, sondern es war ein wichtiger Bestandteil meines Schultags. Die Pause im Schulgebäude verbringen zu müssen und nicht mit meinen Freunden zusammen spielen zu dürfen, war für mich die schlimmste Bestrafung. Auch nach der Schule und oft noch vor den Hausaufgaben traf ich mich in der Regel mit Freunden zum Spielen oder Radfahren. Wenn man sich heute einen Pausenhof an einer Schule anschaut, ist das Bild ein anderes. Bereits in der Grundschule haben die meisten Schülerinnen und Schüler ein Smartphone dabei und kleben während den Pausen an ihren Geräten. Sportspiele wie Fußball finden nur noch als Teil des Sportunterrichts statt und auch sonst sieht man nicht viele Kinder, die sich während ihrer Pause ausreichend bewegen. Auch auf Spiel- und Sportplätzen zeigt sich das selbe Bild. Klettergerüste, Schaukeln und Rutschen sind verwaist und während wir uns damals noch darum stritten, wer nachmittags den Sportplatz wofür nutzen durfte, besteht heute scheinbar gar kein Interesse mehr daran.

Die Ursachen dafür sind vielfältig und hängen mit der zunehmenden Technologisierung unserer Umwelt und den veränderten Bedingungen zusammen, unter denen Kinder heute aufwachsen. Als staatliche Bildungsinstitutionen dürfen sich die Schulen nicht der Aufgabe entziehen, Kindern die Bedeutung und die Wirkung von ausreichend Bewegung zu vermitteln.

Eine Schulkonzept, dass dem Bewegungsmangel und den damit verbundenen Problemen entgegenwirken soll, ist das der Bewegten Schule, das in dieser Arbeit vorgestellt werden soll. Um das Schulkonzept und seine Wirkung auf die kindliche Entwicklung genauer zu diskutieren, werden im ersten Teil dieser Arbeit die Grundlagen von Lernen zusammengetragen. Es wird geklärt, was Lernen eigentlich ist, auf welchen neuronalen Prozessen es beruht und wie verschiedene Theorien unterschiedliche Lernformen beschreiben. Spezielle Aufmerksamkeit kommt der Frage nach, wie Kinder am besten lernen. Im Anschluss wird untersucht, auf welche Art und Weise in den meisten Schulen unterrichtet wird und ob dies Kindern die optimalen Bedingungen zum Lernen bietet. Um dieses Bild zu erweitern, werden einige alternative Ansichten einflussreicher Pädagogen genauer erläutert.

Der zweite Teil der Arbeit befasst sich mit dem Konzept Bewegte Schule. Zunächst wird die Entwicklung im Raum pädagogischer Möglichkeiten beschrieben und anschließend Begründungen im Zusammenhang mit Entwicklung, Lernverhalten und Gesundheit geliefert. Zum Schluss wird aufgezeigt, welche Merkmale eine bewegte Schule aufweisen muss, um als solche zu gelten und wie sich einzelne Elemente umsetzen lassen, um mehr Bewegung in den Unterricht und das Lernen zu bringen.

2 Was versteht man unter Lernen?

Lernen ist ohne Zweifel eine der wichtigsten Fähigkeiten aller Lebewesen. Fragt man 100 Menschen nach einer Definition für Lernen, so erhält man vermutlich genau so viele unterschiedliche Antworten. Denn obwohl oder vielleicht gerade weil wir den Begriff ganz alltäglich verwenden, etwa wenn wir davon sprechen, zu lernen, wie man einem Musikinstrument Töne entlockt, wie man in einer Sportart eine Bewegung mit der richtigen Technik ausübt oder ob es darum geht, Stoff für Prüfungen in der Schule oder an der Uni zu lernen, ist es nicht ganz so einfach, den Begriff allgemeingültig zu definieren. Die folgenden Definitionen versuchen, die vielfältige Bedeutung des Wortes kurz und knapp zusammenfassen, ohne auf Essentielles zu verzichten.

Laut Stern, Schalk und Schumacher entsteht Lernen „aus der Interaktion zwischen einem Individuum und seiner Umgebung" und „ermöglicht es allen Lebewesen, die im jeweiligen Lebensumfeld gestellten Anforderungen zunehmend besser zu bewältigen" (Stern, Schalk & Schumacher, 2013, S. 106). Die Hauptfunktion von Lernen ist demnach, die individuelle Handlungskompetenz und Handlungsfähigkeit zu steigern und sich in bestimmten Situationen einen Verhaltensvorteil verschaffen zu können. Während wir Lernen heutzutage überwiegend als eine kognitive Weise der Wissensvergrößerung sehen und häufig mit schulischem Lernen gleichstellen und so verallgemeinern, zeigt sich die überlebenswichtige Bedeutung dieser Fähigkeit bei allen Tieren und spielte in der Evolution des Menschen eine entscheidende Rolle. Etwa die Fähigkeit, Hinweise auf Gefahren zu erkennen und schlussfolgernd die Flucht zu ergreifen oder aber Hinweise auf Ressourcen wie Nahrung richtig zu deuten und sich so einen Vorteil gegenüber Konkurrenten zu verschaffen, haben oft den Unterschied zwischen Überleben und Sterben ausgemacht (vgl. ebd.).

Bei Winkel, Petermann & Petermann findet sich folgende Definition: „Lernen bezieht sich auf relativ dauerhafte Veränderungen im Verhalten oder den Verhaltenspotenzialen eines Lebewesens in Bezug auf eine bestimmte Situation. Es beruht auf wiederholten Erfahrungen mit dieser Situation und kann nicht auf angeborene bzw. genetisch festgelegte Reaktionstendenzen, Reifung oder vorübergehende Zustände (zum Beispiel Müdigkeit, Krankheit; Alterung; Triebzustände) zurückgeführt werden." (Winkel, Petermann & Petermann, 2006, S. 12) Diese Definition enthält die zentralen Bestimmungsstücke des Begriffs *Lernen*, auf welche kurz eingegangen werden soll. Ein entscheidendes Kriterium sind demnach Veränderungen im Verhalten, welche sich wie Veränderungen in der physikalischen Umwelt objektiv messen lassen und somit die einzige Möglichkeit darstellen, einen Lernzuwachs zu überprüfen. *Verhalten* bezieht sich in diesem Sinne jedoch nicht nur auf motorische Verhaltensäußerungen in Form von Bewegungen, sondern ebenfalls auf physiologische, kognitive und emotionale Reaktionen, bei denen Veränderungen schwieriger festzustellen sind (vgl. ebd.). Von *Lernen* spricht man auch dann, wenn sich in Folge eines Lernprozesses zunächst keine Änderungen im Verhalten feststellen lassen, ein Lebewesen jedoch nach dem Lernvorgang über das Potenzial verfügt, in passenden Situation neues Verhalten zu zeigen. Dabei kann es auch vorkommen, dass Lernvorgänge das Verhaltensrepertoire nicht erweitern, sondern einschränken, etwa wenn ein bestimmtes Verhalten regelmäßig unangenehme Konsequenzen nach sich zieht (vgl. ebd., S. 13). Da Organismen ihr Verhalten im Laufe ihres Lebens ständig verändern, wird Lernen hier als erfahrungsbasierter Vorgang beschrieben, denn für viele Verhaltensänderungen, die sich irgendwann bemerkbar machen, ohne dass ein Lebewesen sie zunächst spezifisch erlernen muss, sind biologische Reifeprozesse und physiologische Veränderungen verantwortlich. Reifungs- und Lernprozesse sind jedoch häufig eng miteinander verbunden und nur durch Deprivation, also wenn ein Lebewesen davon abgehalten wird, Erfahrungen mit der Umwelt zu machen, lässt sich überprüfen, ob eine Verhaltensänderung erlernt wurde oder nicht (vgl. ebd.). Des weiteren darf eine Veränderung im Verhalten oder Verhaltenspotenzial nicht nur kurzfristig auftreten, sondern muss über einen bestimmten Zeitraum hin relativ stabil sein, damit man von einem Lernvorgang sprechen kann. So wird eine auf Lernen beruhende Veränderung von Faktoren wie zum Beispiel Müdigkeit, Krankheit, Drogenkonsum oder Abweichungen im hormonellen Status, deren Einfluss nach einer gewissen Zeit wieder abnimmt, abgegrenzt (vgl. ebd., S. 14).

Ergänzend zu dieser Erklärung, die sich auf die inneren Vorgänge während des Lernens bezieht, findet sich im Beltz-Lexikon Pädagogik folgende Definition, die den Prozess von der Außenperspektive her beschreibt: „Lernen [beschreibt] eine zielgerichtete Tätigkeit, die auf den Erwerb von Kenntnissen und Fertigkeiten gerichtet ist und je nach Art der angestrebten Lernziele unterschiedliche Einzelaktivitäten umfasst." (Andreas Krapp, 2007, S. 455) Zur Steuerung des Lernverhaltens wird hier zwischen einzelnen Lerntechniken, die je nach Situation und Lernziel völlig verschieden sind, und übergeordneten Lernstrategien unterschieden. Letztere werden unterteilt in einerseits Informationsverarbeitungsstrategien, die der Aufnahme und dauerhaften Speicherung von Informationen dienen und andererseits Kontrollstrategien, die die Effektivität der angewandten Lerntechniken überprüfen und eventuell korrigieren. Zusätzlich werden alle Aktivitäten, die sich „auf eine

Optimierung innerer und äußerer Ressourcen" beziehen als Stützstrategien bezeichnet. Dazu zählen etwa die Gestaltung der Lernumgebung, das Zeitmanagement sowie die bewusste Steuerung der Anstrengungsbereitschaft, wobei vor allem metakognitive Faktoren wie Emotionen, Motivation und Volition eine entscheidende Rolle spielen (vgl. ebd., S. 456).

3 Wie lernen wir?

Nachdem etwas Klarheit über die Bedeutung des Begriffes Lernen geschaffen wurden, widmet sich dieses Kapitel der Art und Weise, wie Menschen lernen. Um einen Lernprozess verstehen zu können, muss man sich zunächst einmal bewusst machen, wie unser Körper beziehungsweise unser Gehirn Informationen aufnimmt, verarbeitet und speichert. Dazu ist eine genauere Betrachtung des Nervensystems und der verschiedenen Bereiche unseres Gehirns notwendig. Es werden die neurobiologischen Grundlagen erläutert, um zu verdeutlichen, was in unseren Köpfen beim Lernen eigentlich passiert.

Im Laufe der letzten Jahrhunderte wurden verschiedene Modelle und Hypothesen entworfen, anhand derer Lernvorgänge psychologisch beschrieben und erklärt werden sollen. Unterteilt in die drei Kategorien Behaviorismus, Kognitivismus und Konstruktivismus sollen diese Lerntheorien hier zum besseren Verständnis vorgestellt werden. Anschließend wird der Frage nachgegangen, was Kinder zum Lernen brauchen. Dazu wird untersucht, unter welchen Bedingungen Kinder am besten lernen können, wobei sowohl die inneren Zustände als auch die äußeren Bedingungen, also die räumliche Umgebung und strukturelle Organisation des Umfelds beachtet werden.

3.1 Neurobiologische Grundlagen

In den Neurowissenschaften befassen sich Forscher mit den biologischen und physiologischen Strukturen und Prozessen, die dem Lernen zugrunde liegen. Im Zentrum der Beobachtung steht das zentrale Nervensystem, welches aus Gehirn und Rückenmark besteht und sich aus etwa 100 Milliarden Nervenzellen (Neuronen) zusammensetzt. Unter dem Begriff des peripheren Nervensystems werden die ca. 25 Millionen Nervenzellen und deren Fortsätze außerhalb von Gehirn und Rückenmark zusammengefasst. Mit dieser unglaublichen Menge an Verbindungen stellt das menschliche Gehirn damit die komplexeste bekannte Struktur in unserem Universum dar (vgl. Edelmann & Wittmann, 2012, S. 18). Demnach ist nicht eine einzelne Nervenzelle von Bedeutung, sondern das durch sogenannte Synapsen verbundene Kollektiv. Die einzelnen Neuronen bestehen aus einem Zellkörper, von dem Nervenfortsätze ausgehen. Dabei wird unterschieden zwischen Neuriten, welche die Nervenzelle mit anderen Zellen verbinden und Dendriten, die als Andockstellen für die Synapsen anderer Zellen fungieren.

Die Dendriten empfangen Informationen von den Rezeptoren der Sinnesorgane in Form von elektrischen Signalen, welche durch die Neuriten bis an das Ende eines Axons, den synaptischen Spalt, transportiert werden. Dort sorgen Übertragungssubstanzen (Transmitter) dafür, dass sich das elektrische Potential auf umliegende Zellen überträgt und die Informationen weitergeleitet werden können. Der Informationsfluss wird durch wiederholtes Auftreten elektro-chemischer Signale verbessert, wobei neuronale Bahnen etabliert werden. So bilden das Zusammenspiel untereinander und die Fähigkeit der Synapsen, sich zu verändern, die Grundlagen für Lernen und Gedächtnis, denn letztlich werden Gedächtnisinhalte dadurch gespeichert, dass die synaptische Datenübertragung zwischen einzelnen Neuronen und ganzen neuronalen Netzen effektiver wird (vgl. ebd.). Diese Fähigkeit des Zentralnervensystems, ständig neue Verbindungen zu schaffen und alte Verbindungen neu zu strukturieren und sich so immer wieder neu den Erfordernissen anzupassen, nennt man neuronale Plastizität. Anders als bis vor etwa 30 Jahren angenommen, ist die Entwicklung unseres Gehirns demnach nicht nach der frühen Entwicklungsphase abgeschlossen, sondern sie dauert das ganze Leben lang an. Die Erfahrungen, die wir als Kinder machen, prägen damit die Struktur des Gehirns, die sogenannte psychische Struktur, die jedoch auch über die Kindheit hinaus veränderbar ist. Allerdings fällt es den Synapsen in jungen Jahren wesentlich leichter, neue Verbindungen herzustellen und alte umzustrukturieren, also etwas Neues zu lernen oder bereits bekannte Denk- und Verhaltensmuster zu modifizieren. (vgl. Rüegg, 2014, S. 19).

Mit ca. 1,4 kg macht das Gehirn nur etwa 2 Prozent des Körpergewichts aus, es zeichnet sich aber für den Verbrauch etwa eines Fünftels der gesamten Energie, die wir über unsere Nahrung aufnehmen, verantwortlich. Doch dieser hohe Energiebedarf ist gerechtfertigt. Während andere Lebewesen wie dafür geschaffen scheinen, schnell zu laufen und zu jagen, zu schwimmen oder zu fliegen, ist der Mensch auf Grund seines Gehirns dazu in der Lage, sich flexibel auf verschiedene Umgebungen, Aufgaben und Probleme einzustellen. Er kann besser lernen als alle anderen Lebewesen, denn genau dafür sind seine Gehirne optimiert (vgl. Spitzer, 2009, S. 14).

Die wichtigste Komponente des Zentralen Nervensystems bildet die Großhirnrinde (Kortex). Dabei handelt es sich um eine stark gefaltete, etwa 1 mm dicke Schicht von Nervenfasern, die die beiden Großhirnhälften, oder auch Großhirnhemisphären, wie eine äußere Hülle umgibt. Der Kortex selbst ist unterteilt in sensorische, motorische und assoziative Bereiche. Die ersten beiden sind für die Aufnahme und

Verarbeitung von Sinneseindrücken beziehungsweise die Steuerung von Bewegungen zuständig. Der Assoziativkortex gilt als größter assoziativer Speicher für eine Vielzahl von Fertigkeiten und sprachliches sowie nicht-sprachliches Wissen (vgl. Edelmann & Wittmann, 2012, S. 20). Die verschiedenen Areale im Kortex sind unterschiedlichen Körperteilen zugeordnet, wobei die Größe des Hirnareals nicht proportional der des Körperteils entspricht, sondern abhängig von der Sensibilität der Sinnesorgane beziehungsweise der Präzision der erforderlichen motorischen Steuerung ist. Bis auf wenige Ausnahmen, wie etwa das Sprachzentrum, welches bei fast allen Menschen in der linken Hemisphäre sitzt, befinden sich sensorische und motorische Regionen in den meisten Fällen in beiden Hemisphären und sind symmetrisch angeordnet. Die Nervenfasern, die Informationen in Form von elektrischen Impulsen von den Sinnesorganen ins Gehirn leiten und die, die von dort zu den Muskeln laufen, sind überkreuzt (vgl. ebd., S. 22). Legt man also zum Beispiel die linke Hand auf eine heiße Herdplatte, so wird der Reiz in der rechten Gehirnhälfte wahrgenommen und als Schmerz identifiziert. Andersherum steuert die linke Gehirnhälfte unsere Bewegungen etwa beim Schreiben mit der rechten Hand.

Seit sich die Hirnforschung mit Verbindungen zwischen psychischen und neuronalen Prozessen beschäftigt, haben sich zwei unterschiedliche Verfahren entwickelt, um diese zu verdeutlichen und anschaulich zu machen. Eine Methode ist es, durch das Anbringen von Elektroden an der Schädeldecke die auftretenden elektro-magnetischen Potentiale an bestimmten Arealen im Gehirn bei psychischen Leistungen zu messen. Die andere Möglichkeit ist ein so genanntes bildgebendes Verfahren. Nimmt die Hirnaktivität zu, so steigen auch der Stoffwechsel und die Hirndurchblutung an. Durch einen schwach radioaktiven Stoff in der Blutbahn lässt sich mittels eines Geigerzählers die Strahlenintensität in bestimmten aktiven Arealen bei der Tätigkeit messen. Diese Untersuchungsmethoden haben ergeben, dass besonders bei höheren kognitiven Funktionen die aktivierten Gehirnregionen überlappen und eine exakte neuronale Entsprechung quasi nicht definierbar ist, da es sich bei nahezu allen Vorgängen um eine schwerpunktmäßige Aktivierung ganzer Areale handelt (vgl. ebd., S. 23).

Wie bereits erwähnt, handelt es sich bei Lernen aus neurobiologischer Sicht um vertiefende Verbindungen zwischen Neuronen oder wie Spitzer es sagt: „Je aktiver neuronales Gewebe in einem bestimmten Bereich der Gehirnrinde ist, desto eher finden in ihm Veränderungen von Synapsenstärken und damit Lernen statt." (Spitzer, 2007, S. 146) Die Hauptintention beim Lernen ist es, neue Informationen aufzunehmen, zu verarbeiten und zu speichern. Wie diese Informationen in unser

Gedächtnis gelangen und was genau unter Gedächtnis zu verstehen ist, wird mit verschiedenen Modellen versucht, zu erklären. Das Dreispeichermodell von Atkinson und Shiffrin unterteilt das Gedächtnis in sensorisches, oder Ultrakurzzeitgedächtnis, Kurzzeitgedächtnis und Langzeitgedächtnis. Diese unterscheiden sich hinsichtlich ihrer Speicherdauer und Speicherkapazität. Das Ultrakurzzeitgedächtnis verfügt, wie der Name schon sagt, über eine sehr kurze Speicherdauer von wenigen Millisekunden und repräsentiert visuelle, auditive, haptische, olfaktorische und gustatorische Sinneseindrücke, welche nicht zwingend bewusst wahrgenommen werden. Das Kurzzeitgedächtnis dagegen verfügt über Informationen, die wir bewusst wahrnehmen, ist jedoch auch auf einen Zeitraum von wenigen Sekunden und eine geringe Kapazität von etwa sieben Informationseinheiten beschränkt. Einzelne Informationen lassen sich aber mittels Chunking zu größeren Informationseinheiten zusammenfassen, wodurch die Speicherkapazität des Kurzzeitgedächtnisses erhöht werden kann (vgl. Winkel, Petermann & Petermann, 2006, S. 34). So lassen sich zum Beispiel Zahlenreihen wie 11092001 (acht Einheiten) zu einem Datum 11.09.2001 bestehend aus drei Einheiten zusammenfassen oder aber als ein eigenständiges Ereignis, den Tag der Anschläge auf das World Trade Center in New York, als eine einzige Einheit abspeichern. Aus dem Beispiel wird ersichtlich, dass Chunking jedoch gewisse Vorkenntnisse voraussetzt und daher nicht in jeder Situation anwendbar ist. Durch häufige Wiederholung können neue Informationseinheiten im Kurzzeitgedächtnis gespeichert werden, was zu dauerhaften strukturellen Veränderungen auf neurologischer Ebene führt. Sind diese neuronalen Bahnen gefestigt, spricht man davon, dass die Informationen ins Langzeitgedächtnis aufgenommen wurden. Dieses verfügt quasi über eine unbegrenzte Speicherkapazität und eine sehr lange Speicherdauer von mehreren Jahrzehnten und beinhaltet sowohl deklaratives als auch nondeklaratives Wissen (vgl. ebd., S. 35). Ergänzt wurde das Dreispeichermodell einmal durch das Mehrspeichermodell von Baddeley, welches das Kurzzeitgedächtnis als Arbeitsgedächtnis, bestehend aus mehreren Modulen, die verschiedene Aufgaben übernehmen, versteht. Entscheidend für die Aufnahme von Informationen ins Langzeitgedächtnis ist demnach die zentrale Exekutive des Kurzzeitgedächtnis'. Dieses koordiniert die Funktionen der verschiedenen Speicher akustischer und verbaler (Phonologische Schleife) sowie räumlicher und bildlicher (Visuell-räumlicher Notizblock) Informationen. Die zweite Ergänzung liefert das Modell der Verarbeitungstiefe von Craik und Lockhart, welches jedoch im Gegensatz zu den beiden vorherigen nur einen einzigen Speicher postuliert. Die Dauer der Informationsspeicherung hängt dabei von der Tiefe der Informationsverarbeitung ab, also davon, wie intensiv wir uns mit Informationen auseinandersetzen (vgl. ebd., S. 36).

Eine besonders wichtige Rolle beim Lernen und bei der Gedächtnisbildung kommt dem limbischen System zu. Es besteht aus einer eng vernetzten Gruppe von Hirnarealen, wobei die Bedeutung des Hippocampus für das Lernen hervorzuheben ist und gilt als Ursprungspunkt für Emotionen und Triebverhalten. Es wird vermutet, dass hier komplexe sensorische Informationen mit Gedächtnisinhalten aus der Vergangenheit verglichen werden (vgl. Edelmann & Wittmann, 2012, S. 30). Welche Bedeutung dem Hippocampus zukommt, zeigt der Fall des Patienten H.M., dem auf Grund einer epileptischen Störung der Hippocampus und angrenzende Teile des Gehirns entfernt wurden. Daraufhin konnte zunächst keine große Auffälligkeit bei H.M. festgestellt werden und durch verschiedene Versuchsreihen wurde belegt, dass er nach wie vor in der Lage war, Fertigkeiten durch wiederholtes Üben auch ohne Hippocampus zu erlernen. Jedoch war es ihm nicht mehr möglich, neue Ereignisse zu lernen und sich an sie zu erinnern. Als Ergebnis der Untersuchung stand fest, dass durch den Hippocampus eine Übertragung von Gedächtnisinhalten aus dem Kurz- in das Langzeitgedächtnis stattfindet, was als Gedächtniskonsolidierung bezeichnet wird (vgl. Spitzer, 2009, S. 24). Eine Störung des Hippocampus hat also zur Folge, dass das Langzeitgedächtnis zwar intakt bleibt, aber keine neuen Inhalte mehr darin gespeichert werden können. Zudem fungiert der Hippocampus als eine Art Neuigkeitsdetektor, der registriert, ob aufgenommene Informationen neu oder bereits bekannt sind. Sind Information neu und unbekannt, werden sie als interessant bewertet und für die Speicherung im Gedächtnis vorbereitet. Leicht abgeänderte oder in einem anderen Kontext verknüpfte Informationen nimmt der Hippocampus auf, indem er die früher abgelegten Gedächtnisinhalte wieder aufruft und neu verknüpft wieder abspeichert. Besonders nützlich ist dabei die Eigenschaft, unvollständige Informationen zu ergänzen und so ganze Informationsnetzwerke zu schaffen beziehungsweise zu vervollständigen (vgl. ebd., S. 34).

3.2 Lerntheorien

Für die Pädagogische Praxis sind drei verschiedene Lerntheorien von großer Bedeutung, die sich vor allem in der jeweils unterschiedlichen Rolle und dem Aktivitätsgrad des Lernenden unterscheiden. Diese Theorien fußen einerseits auf den vorgestellten neurobiologischen Grundlagen und dienen andererseits als Ausgangspunkt für zahlreiche Lehr-Lern-Modelle und bilden den Hintergrund für die praktische Umsetzung von Unterricht. Es darf jedoch nicht vergessen werden, dass es sich hierbei lediglich um psychologische Theorien handelt, weshalb sich die Adaption der Ergebnisse in der Praxis als schwierig herausstellen kann. Die im Folgenden vorgestellten Lerntheorien des Behaviorismus', Kognitivismus' und Konstruktivismus' bauen geschichtlich und inhaltlich aufeinander auf. Da sie sich in manchen Teilen ergänzen, in anderen Teilen jedoch widersprechen oder völlig andere Herangehensweisen beschreiben, ist es unmöglich zu sagen, welche dieser Theorien nun am ehesten zutrifft und welche Lernen am besten beschreibt.

Eine der ältesten lernpsychologischen Strömungen stellt der Behaviorismus dar, der seine Anfänge im 19. Jahrhundert hat. Im Zentrum steht die Wahrnehmung bestimmter Hinweisreize und als Folge die Verstärkungen erwünschten Verhaltens. Lernen wird als rein assoziativer Prozess beschrieben, bei dem Reiz und Reaktion oder zwei Wissenseinheiten miteinander verbunden werden. Der Lernende selbst hat eine passive Rolle und wird als eine Art „Black Box" angesehen und internen Prozessen wie etwa Gefühlslage, Wahrnehmung, Deutung oder Problemlösekompetenzen wird dabei keine Beachtung geschenkt. Stattdessen wird vermutet, dass Lernen durch Belohnung und Bestrafung gesteuert wird und Assoziationen infolge von Handlungskonsequenzen verstärkt beziehungsweise abgeschwächt werden (vgl. Rinck, 2016, S. 23).

Grundsätzlich wird zwischen zwei Formen des behavioristischen Lernens unterschieden. Als klassische Konditionierung bezeichnet man eine Lernform, bei der ein Reiz ein bevorstehendes Ereignis ankündigt und dadurch eine bestimmte Reaktion nach sich zieht. Die Fähigkeit, auf bestimmte Signale reagieren zu können und mit dem entsprechenden Verhalten zu antworten, hat sich im Laufe der Evolution als fundamental erwiesen, etwa beim Erkennen und Deuten von Gefahren oder bei der Suche nach Ressourcen. Bekannt wurde die Funktion des klassischen Konditionierens vor allem durch die Experimente Pawlows zum Speichelreflex bei Hunden. Bei diesen Experimenten wurde den Hunden zunächst Futter gezeigt und anschließend eine erhöhte Speichelproduktion bei ihnen festgestellt. Dem unkonditionierten Reiz (Futter) folgte somit eine unkonditionierte Reaktion (Speichelfluss), die nicht vorher erlernt werden musste. Das Läuten einer Glocke (neutraler Reiz) hatte zunächst keine Bedeutung für die Hunde, weshalb es auch keine Reaktion nach sich zog. Im nächsten Schritt kombinierte Pawlow die beiden Reize und läutete jedes Mal eine Glocke, bevor die Hunde ihr Futter bekamen. Die Hunde reagierten zunächst weiterhin mit erhöhter Speichelproduktion, wenn sie das Futter gezeigt bekamen. Nach einiger Zeit zeigten sie diese Reaktion jedoch auch, wenn sie lediglich das Glockensignal hörten, aber kein Futter mehr vorgesetzt bekamen.

Ab diesem Zeitpunkt kann man von einer konditionierten Reaktion auf einen vorher neutralen, nun aber konditionierten Reiz sprechen (vgl. Rinck, 2016, S. 26). Im Gegensatz zur klassischen Konditionierung steht die instrumentelle oder operante Konditionierung. Diese Form beschreibt das Erlernen einer bestimmten Verhaltensweise mit dem Ziel, eine bestimmte Konsequenz zu erreichen und in Zukunft häufiger Verhalten zu zeigen, das positive Folgen nach sich zieht, beziehungsweise Verhalten zu vermeiden, das negative Folgen hat. Bekanntheit erlangte das instrumentelle Konditionieren vor allem durch Thorndikes Experimente mit Katzen, die sich durch das Lösen einer Aufgabe aus einem Käfig befreien sollten. Zeigten die Katzen das richtige Verhalten und lösten diese, war es wahrscheinlicher, dass das erfolgbringende Verhalten in Zukunft öfter auftrat. Sie hatten also gelernt, dass ein bestimmtes Verhalten eine erwünschte Konsequenz zur Folge hat und, dieses anzuwenden (vgl. ebd., S. 52).

Während man mit Behaviorismus in der Regel eher diese Experimente verbindet, besteht auch für die unterrichtliche Praxis Relevanz. Zwar wird kritisiert, dass die Auffassung über die Natur des Lernens sehr eingeschränkt sei, da sämtliche inneren Prozesse ausgeklammert werden und die Lernenden wie nach dem Prinzip des Nürnberger-Trichters Wissen nur eingeflößt bekommen, aber in gewissen Situationen kann sich dies als durchaus nützlich erweisen. So erfordern viele Fachgebiete oder auch das Lernen von Fremdsprachen zunächst einmal die Vermittlung granulierten Wissens, also sehr kleinschrittige und auf reine Wiedergabe von Lerninhalten ausgerichtete Schritte. Das Auswendiglernen von Fakten oder etwa Vokabeln bietet die Möglichkeit, eine Wissensbasis für komplexere Aufgaben zu schaffen und hat außerdem den Vorteil, dass der Lernstoff möglichst objektiv vorgestellt wird und die Lernenden eine schnelle Rückmeldung (Belohnung/Bestrafung) bekommen (vgl. Spitzer, 2007, S.33). Um nach der behavioristischen Theorie erfolgreich zu lernen, muss zunächst einmal das Lernziel so genau wie möglich festgelegt werden. Die einzelnen Lernschritte sollen in logischer Weise angeordnet sein und die Lernenden fordern, aber nicht überfordern. Eine Aufgabe zu lösen soll zur aktiven Auseinandersetzung mit dem Lernstoff zwingen und es muss eine Möglichkeit zur Selbstkontrolle und zur Überprüfung des eigenen Lernerfolgs geben (vgl. Winkel, Petermann & Petermann, 2006, S. 120).

Als Gegenbewegung zum Behaviorismus, der als Ansatzpunkt konkret beobachtbares Lernverhalten hat, entwickelte sich ab Mitte des 20. Jahrhunderts der Kognitivismus, der sich auch auf die inneren Prozesse beim Lernen konzentriert und versucht zu entziffern, was die Behavioristen als „Black Box" abstempeln und ignorieren. Der Fokus liegt auf dem Menschen als Individuum, der Reize nicht nur wahrnimmt, sondern auch aktiv und eigenständig verarbeitet. Dabei ist nicht das beobachtbare Verhalten Indikator für Lernvorgänge, sondern die ablaufenden Denk- und Verarbeitungsprozesse. Vorgänge wie „Wahrnehmen, Erkennen, Verstehen, Bewusstwerden, Denken, Vorstellen, Interpretieren, Problemlösen, Entscheiden oder Urteilen" rücken in den Mittelpunkt. Lernen wird als Informationsverarbeitungsprozess verstanden, bei dem neue Informationen aufgenommen, im Kurzzeitgedächtnis mit bereits gesichertem Wissen in Zusammenhang gesetzt, gegebenenfalls ergänzt und schließlich im Langzeitgedächtnis abgespeichert werden (vgl. Rinck, 2016, S. 105).

Eine Form des kognitiven Lernens bezeichnete Köhler als „Lernen durch Einsicht", wobei Lernen als ganzheitlicher, problemlösender dreistufiger Prozess verstanden wird. Zunächst einmal muss ein Überblick über die einzelnen Komponenten eines Problems und deren gesamter Struktur in einer Situation gewonnen werden. Als nächstes werden durch Überlegen und kognitives Umstrukturieren der Situation Beziehungen zwischen den einzelnen Komponenten hergestellt. Die Einsicht tritt plötzlich ein und beschreibt den Moment, in dem die Zusammenhänge der Komponenten des Problems erkannt werden und ersichtlich wird, wie es sich lösen lässt beziehungsweise wie der gewünschte Zielzustand zu erreichen ist. Der dritte Schritt beschreibt die zielgerichtete Ausführung der Handlung, die zur Lösung des Problems führt. Das erfolgreiche Verhaltensmuster wird gespeichert und kann in Zukunft auf ähnlich strukturierte Situationen übertragen werden (vgl. Winkel, Petermann & Petermann, 2006, S. 150).

Viele kognitivistische Theorien verstehen den Menschen als soziales Wesen und gehen davon aus, dass der Mensch einen Großteil seines Verhaltens auf eine soziale Art und Weise lernt.

Eine dieser Theorien ist die sozial-kognitive Methode, entwickelt von Bandura. Dieses Modell soll erklären, durch welche Prozesse Menschen während ihrer Entwicklung lernen, sich in verschiedenen sozialen Situationen angemessen zu verhalten. Laut Bandura kann der Mensch sowohl durch direkte Erfahrungen (Konditionierung) und symbolische Erfahrungen (Instruktion) als auch durch stellvertretende Erfahrungen (Beobachtung) lernen (vgl. ebd., S. 190). Zentraler Teil des Beobachtungslernens bildet das *Lernen am Modell* oder auch *Modelllernen*. Es bedeutet, dass eine Person durch bloßes Beobachten eines Modells neues Verhalten lernen kann, dass zuvor nicht beherrscht wurde. Wichtig ist dabei die Ähnlichkeit zwischen Modell und Beobachter, sodass letzterer sich mit dem Modell identifizieren kann. Als einfachste Form des Beobachtungslernens sieht Bandura das Lernen durch Imitation. Neue Verhaltensweisen können durch Abschauen und Nachahmen von anderen Personen erlernt werden. Aber nicht nur bestimmte Verhaltensweisen können so erlernt werden, sondern auch das Wissen darüber, welches Verhalten in welchen Situationen angemessen ist und zu welchen Konsequenzen es führen kann (vgl. Lefrancois, 2015, S. 312). Ein großer Verdienst von Bandura ist also auch die Trennung von Verhalten und Ausführung und damit der Beweis, dass menschliches Lernen über das reine Reiz-Reaktions-Schema hinausgeht. Zudem unterteilte er das Erlernen von Verhaltensmustern in zwei Phasen: einerseits die Aneignungsphase, in der zunächst die Aufmerksamkeit des Lernenden gewonnen werden muss und dieser die neuen Informationen verarbeiten, abspeichern und im Langzeitgedächtnis ablegen kann. Andererseits die Ausführungsphase mit der motorischen Reproduktion des Verhaltens, die sowohl von den individuellen Eigenschaften des Lernenden als auch dessen Motivation abhängt. Vor allem Letzteres nimmt einen zentralen Platz bei Banduras' und anderen kognitiven Lerntheorien ein. Motivation ist beim Lernen eng mit der Aussicht auf Bekräftigung oder Belohnung verbunden und daher untrennbar mit den eigenen Erwartungen verknüpft (vgl. ebd., S. 314).

Lernen in der Schule oder an der Universität findet zu großen Teilen auf kognitiver Ebene statt. Um sicherzustellen, dass ein Lernprozess im kognitivistischen Sinne erfolgreich ist, müssen die Regeln der Informationsverarbeitung beachtet werden. Zunächst muss die Aufmerksamkeit des Lernenden geweckt werden, was mittels abwechslungsreicher und ungewöhnlicher Methoden, zum Beispiel dem Verpacken von Lerninhalten in eine Geschichte erreicht werden kann. Beim Lernen neuer Informationen ist es hilfreich, wenn diese mit Vorwissen verknüpft werden können. Ein Überblick über das bevorstehende Themengebiet sowie eine Reaktivierung bereits gelernten Stoffes bieten sich daher zum Einstieg in eine Unterrichtsreihe an. Des Weiteren sollen die einzelnen Lerninhalte einfach, verständlich und prägnant dargestellt und komplexere Informationen als aufeinander aufbauende Informationsketten präsentiert werden. Durch häufiges Wiederholen und Verknüpfen neuer Informationen soll die Gedächtnisleistung der Lernenden verbessert werden und sowohl die eigenständige Kontrolle des gelernten Wissens und das damit verbundene Erreichen von Lernerfolgen sowie regelmäßiges Feedback zu der eigenen Leistung können einen positiven Einfluss auf das Lernverhalten haben (vgl. Rinck, 2016, S. 108).

Der Konstruktivismus ist eine neuere und vielseitige psychologische Strömung und sollte hier auf jeden Fall Beachtung finden, da er für unser Verständnis von Lernen elementar ist und die Bedeutung für die Schulpraxis zunehmend wächst. Die Grundidee des Konstruktivismus besteht darin, dass Individuen nicht auf Reize einer objektiven Welt reagieren, sondern sich diese vermeintlich objektive Wirklichkeit anhand von Sinneseindrücken subjektiv konstruieren. Das Gehirn wird als geschlossenes System betrachtet, welches zwar zunächst Reize aus der Umwelt aufnimmt, diese allerdings interpretiert und dadurch zu einem individuellen Sinneseindruck verarbeitet. Was eine Person sieht, hört oder riecht ist also niemals eine objektive Wahrnehmung, sondern lediglich eine subjektive Interpretation der Wirklichkeit. Diese subjektive Wirklichkeit entsteht auf der Basis bereits bestehenden Wissens und wird erst durch den gemeinsamen Kommunikationsprozess verbindlich (vgl. Hußmann, 2002, S. 3). Dabei stehen dem Individuum laut Piaget zwei Möglichkeiten der Informationsverarbeitung zur Verfügung: Akkommodation und Assimilation. Während Assimilation neues Wissen in bereits vorhandene Denkschemata einordnet und diese so modifiziert und erweitert, entstehen durch Akkommodation neue Erkenntnisse, aus denen sich neue Denk- und Verhaltensmuster ableiten lassen (vgl. ebd., S. 4).

Im Gegensatz zu anderen Lerntheorien betrachtet der Konstruktivismus die Vermittlung von Wissen als unmöglich, da Lernprozesse durch das Individuum und nicht durch die Umwelt bestimmt werden. Der Lernende muss Wissen stets selbstständig neu konstruieren, reorganisieren und erweitern und daraus neue Auffassungen und Konzepte der Wirklichkeit ableiten. Folglich kommt dem Lehrer eine eher passive oder assistierende Rolle zu mit der Hauptaufgabe, eine möglichst authentische, abwechslungsreiche und herausfordernde Lernumgebung zu gestalten. Er soll die Lernenden Inhalt und Methodik zum Teil selbst wählen lassen und sie dabei lediglich beraten, wodurch zusätzlich die Fähigkeit zur realistischen Selbsteinschätzung gestärkt werden soll. Das Erzeugen eines guten Lernklimas und eine funktionierende persönliche Beziehung sind elementar und das steife Verhältnis zwischen Lehrer und Schüler soll aufgelockert werden, sodass sich auch der Lehrer häufiger als lernende Person sehen und das eigene Verhalten reflektieren kann (vgl. ebd., S. 8). Damit stellt der Konstruktivismus eine theoretische Basis für alle offenen, vom Lerner mitbestimmten Lehr-Lern-Situationen dar. Dieser zunehmend beliebtere Ansatz erfordert allerdings auch eine hohe Eigenverantwortung der Schülerinnen und Schüler. Zwar ermöglicht das selbstgesteuerte Lernen eine stärkere individuelle Förderung und durch regelmäßiges Feedback und Reflexion der einzelnen Lernschritte lassen sich positive Einwirkungen auf den Lernerfolg feststellen, aber es gibt ebenso Sachverhalte, die sich durch Instruktion deutlich besser vermitteln lassen, weshalb ein rein konstruktivistisches Vorgehen im Unterricht kaum realisierbar ist (vgl. Winkel, Petermann & Petermann, 2006, S. 259).

3.3 Was brauchen Kinder zum Lernen?

Viele Menschen glauben nach wie vor, das Lernen nach dem Prinzip des Nürnberger Trichters funktioniert. Man setzt den Trichter am Kopf an und gießt anschließend Inhalte hinein, die der Lernende dann aufnimmt. Probleme beim Lernen werden als bloße Transferprobleme verstanden und viele stellen sich die Frage: „Wie bekomme ich ... in meinen Kopf?" Eine schöne Idee, die besonders im Zeitalter von Multimediaprodukten, Computern und Lernsoftware an Popularität gewinnt: Informationen werden über das Internet in schier unübersichtlicher Menge bereitgestellt und sind mit Hilfe der richtigen Technik für jeden Menschen absorbierbar. Aber leider entspricht dies nicht ganz der Realität, denn Lernen ist kein passiver Prozess, kein bloßes Aufsaugen von Informationen (vgl. Spitzer, 2007, S. 2). Um bestmöglich zu lernen bringt es daher nichts, bloß nach dem richtigen Trichter zu suchen. Es müssen die richtigen Rahmenbedingungen geschaffen werden, die den aktiven Lernprozess optimal gewährleisten und unterstützen. Dazu ist ein Umdenken in der Gesellschaft erforderlich, denn Lernen hat, um es milde auszudrücken, nicht unbedingt das beste Image und das hat vor allem zwei Gründe. Einerseits verbinden viele Leute Lernen mit Schulstoff büffeln, anstrengenden Prüfungen und schlechten Noten, kurzum mit Stress und Frust, beides keine sehr angenehmen Empfindungen. Als Folge wird Lernen selbst als eine unangenehme Tätigkeit empfunden, die zwar unausweichlich ist, wenn man etwa einen bestimmten akademischen Abschluss anstrebt, die bewusst aber ansonsten keinen Platz in der Zeit abseits der Schule oder des Berufs findet. Doch diese Einstellung entspricht rein gar nicht der menschlichen Natur, denn wenn es irgendeine Aktivität gibt, für die der Mensch quasi optimiert ist, dann ist das die Fähigkeit zu Lernen. Unsere Gehirne sind äußerst effektiv darin, alle möglichen Informationen um uns herum aufzunehmen, zu speichern und zu verarbeiten und zwar immer und überall. Wir können lediglich beeinflussen, um welche Art von Informationen es sich dabei handelt, je nachdem womit wir uns beschäftigen (vgl. ebd., S. 10). Der andere Grund, warum viele, vor allem ältere Menschen davor zurückschrecken, etwas Neues zu Lernen, ist Angst. Und dabei ist nicht die Rede von Angst vor Versagen, zum Beispiel dem Nicht-Bestehen einer Prüfung. Es geht viel mehr darum, dass Lernen immer auch

Veränderung bedeutet. Wir verbringen unser ganzes Leben damit, unsere persönliche Geschichte zu kreieren und uns eine eigene und individuelle Identität zu schaffen. Neue Informationen können dieses selbst entwickelte Bild ins Wanken bringen und dieser mögliche „Verlust der Identität" bereitet vielen Unbehagen und Angst (vgl. ebd., S. 12). Für Kinder stellt dies häufig kein großes Problem dar, da sie meist noch mit dem Aufbau der eigenen Identität beschäftigt sind und sämtliches Lernen dazu beiträgt.

Um ihnen keine Hindernisse in den Weg zu legen, sondern stattdessen ihr natürliches Bedürfnis, Neues zu Lernen zu fördern, müssen die richtigen Bedingungen geschaffen werden, unter denen dies gelingen kann. Die von Geburt an bestehende Neugier darf nicht gebremst werden, denn diese „Neugier ist der Motor für das Lernen" (Largo, 2010, S. 70). Dabei spielt die Beziehung zwischen Erzieher oder Lehrkraft und Kind eine entscheidende Rolle. Sowohl in der Familie als auch in der Schule brauchen Kinder Bezugspersonen, zu denen sie ein gutes Verhältnis haben und die sie in ihrer Entwicklung unterstützen. Der größte Ansporn für sie, etwas Neues zu lernen, sind Anerkennung und Lob von Personen, die sie respektieren und von denen sie andererseits Respekt entgegengebracht bekommen (vgl. Bründel, 2014, S. 42). Diese können das Interesse der Kinder am besten wecken, wenn sie ihnen Lernstoff anbieten, der ihren Kompetenzen entspricht oder diese sogar leicht übersteigt, denn der größte Motivator sind eindeutig Lernerfolge. Die Kompetenzen und den Lernfortschritt festzustellen ist zentrale Aufgabe der Eltern und Lehrer, denn nur so können sie angemessene Aufgaben anbieten. Werden die Kinder unterfordert oder überfordert, etwa weil Eltern sie bestmöglich fördern wollen und damit zusätzlich unter Druck setzen, beeinträchtigt dies die Lernmotivation (vgl. Largo, 2010, S. 69). Die wichtigste Eigenschaft, die diese Bezugspersonen mit sich bringen müssen, ist Geduld. Kinder brauchen vor allem Zeit, um ihre eigenen Lernstrategien zu entwickeln, Verschiedenes auszuprobieren, Fehler zu machen und selbstständig zu reflektieren. Wenn ungeduldige Lehrkräfte vorschnell die Lösungswege vorgeben, geht das Interesse der Kinder nach kurzer Zeit verloren. Das reine Auswendiglernen von Lösungen und Merksätzen bietet nicht die Möglichkeit, selbst etwas zu erfahren und trägt nicht zur Selbstständigkeit bei. Äußerst negativ wirken sich auch Erniedrigung oder Bloßstellen vor anderen als Folge eines Fehlers, wie es regelmäßig in Schulen passiert, auf die Entwicklung und das Lernverhalten aus (vgl. ebd., S. 34). Kinder brauchen einen fähigen Pädagogen, der sich an ihnen orientiert, auf ihre individuellen Stärken eingeht und sie in ihren eigenen Fähigkeiten fordert und fördert. Dessen Hauptaufgabe ist nicht das Vermitteln von

Faktenwissen, sondern ein offenes und ehrliches Verhältnis aufzubauen, den Kindern Freude am Lernen zu vermitteln, sie in ihrer Eigenständigkeit zu unterstützen und ihnen die Möglichkeit zu geben, eigene Erfahrungen zu machen, denn „nachhaltiges Lernen besteht [...] darin, dass durch eigenständige Erfahrungen neues Wissen und neue Fähigkeiten mit vorhandenem Wissen und vorhandenen Fähigkeiten verknüpft werden" (ebd., S. 65).

Neben der natürlichen Neugier hilft die motorische Aktivität Kindern beim Lernen. Während ihre eigene Neugier der Ursprungspunkt ihrer Motivation ist, versorgt der angeborene Bewegungsdrang sie mit der Energie zu handeln und Erfahrungen zu machen (vgl. ebd., S. 71). Durch körperliche Aktivität erleben Kinder, „dass sie selbst imstande sind, etwas zu leisten, ein Werk zu vollbringen", eine Bestätigung in ihrem Selbstbewusstsein und ein ungemein wichtiger Schritt auf dem Weg zur Identitätsbildung und Selbstständigkeit. Kognitive Prozesse sind vor allem bei Kindern untrennbar mit Fühlen, Wahrnehmen und Handeln verbunden. Sinneseindrücke werden mit dem ganzen Körper wahrgenommen und Gefühle durch Bewegung ausgedrückt. Andersherum kann die Stimmung durch freudige Bewegungserlebnisse verbessert beziehungsweise durch äußere Spannung und körperliches Unwohlsein verschlechtert werden (vgl. Zimmer, 2014, S. 31). Regelmäßige Bewegung fördert zudem das körperliche und geistige Wohlbefinden, der Kreislauf wird in Schwung gebracht, die Verdauung angekurbelt und der Schlaf-Wach-Rhythmus reguliert. Auch für das Sozialverhalten ist die Motorik von großer Bedeutung. Beim Spielen mit anderen etwa drücken Kinder ihre Emotionalität und Befindlichkeit aus und loten ihre fein- und grobmotorischen Grenzen aus (vgl. Largo, 2010, S. 72).

Unerlässlich sind für Kinder zudem gerade während der langen Unterrichtszeiten und des über einen längeren Zeitraum andauernden, fokussierten Lernens in der Schule ausreichende Pausen und Entspannungsmöglichkeiten. Manchen fällt es leichter, eine Schulstunde lang ruhig und bewegungslos auf einem Stuhl zu sitzen, während anderen dies auf Grund ihrer hohen motorischen Grundaktivität unmöglich erscheint. Können sie ihrem Bewegungsdrang nicht nachkommen, führt dies zu unruhigem Verhalten, dass sowohl den eigenen Lernprozess behindert als auch von Lehrern als Störung wahrgenommen und sanktioniert wird. Ruhe ist ein fundamentaler Bestandteil erfolgreichen Lernens. Nur in Ruhe können sich Kinder effektiv auf neue Situationen einlassen, ihre Beobachtungen vertiefen, Fragen stellen und überlegte Antworten geben, ihre eigenen Handlungsergebnisse reflektieren sowie Erfolge und Misserfolge evaluieren und neue Lösungsstrategien für bestimmte Probleme entwickeln (vgl. Krenz, 2011, S. 119). Ausgehend von den individuellen Bedürfnissen der Kinder gibt es bei der Gestaltung von Lernpausen verschiedene Möglichkeiten. Manche bevorzugen es, sich zurückzuziehen und für sich selbst zu sein, während andere den Austausch mit Schülern suchen und bevorzugt miteinander spielen und sich bewegen. Mehr zu dem Zusammenhang zwischen Bewegung und Lernen und wie sich dieser auf die persönliche Entwicklung auswirkt, aber auch was dies für die Institution Schule bedeutet, sowie zur Bedeutung ausreichender Anspannungs- und Entspannungsphasen während des Schulalltags folgt in Kapitel 5.

Wie bereits zu Beginn dieses Kapitels erwähnt, sind Kinder und Jugendliche stets auf der Suche nach Bezugspersonen. Aber nicht nur das Verhältnis zwischen Lehrkraft und Lernenden spielt eine wichtige Rolle für die individuelle Entwicklung, sondern auch die Beziehungen der Lernenden untereinander. Gruppen von etwa gleichaltrigen Kindern und Jugendlichen, die den gleichen sozialen Status und die gleichen Rechte, Pflichten und Interessen haben, werden als Peers bezeichnet. Das entscheidende bei Peer-Gruppen ist die Gleichrangigkeit der einzelnen Mitglieder, auf Grund derer sie sich besser beim Lösen lebensphasenspezifischer Probleme unterstützen können, als zum Beispiel Lehrer oder Eltern (vgl. Hannover & Zander, 2016, S. 92). Die Interaktionen zwischen Peers stellt einen bedeutsamen Schritt in der Sozialisation und dem Reifeprozess von Kindern und Jugendlichen dar. Mit zunehmenden Alter verbringen sie mehr Zeit mit Gleichaltrigen als mit ihren Eltern und auch in der Schule sehen sie ihre Freunde und Mitschüler täglich mehrere Stunden. Die zunehmende Abkehr von den eigenen Eltern veranlasst sie, in anderen Konstellationen nach emotionaler Sicherheit zu suchen (vgl. Largo, 2010, S. 35). Beim Entwickeln einer eigenen Identität vergleichen sie sich untereinander und lernen, eigene Interessen und Standpunkte mit denen anderer in Einklang zu bringen, was sowohl die kognitive als auch die moralische Entwicklung positiv beeinflusst (vgl. Hannover & Zander, 2016 S. 93). Selbstverständlich kann sich dies auch auf das Lernverhalten in der Schule auswirken. Gemeinsames Interesse am Lernen kann die individuelle Motivation jedes einzelnen stärken. Genauso kann aber auch ein ablehnendes Verhalten der Gruppe gegenüber der Schule, einer Lehrkraft oder dem Lernstoff zur Folge haben, dass sich einzelne unter Druck gesetzt fühlen und ebenfalls mit Abneigung reagieren. Gleiches gilt für den außerschulischen Kontext, denn Peer-Gruppen haben einen entscheidenden Einfluss auf die Wahl von Freizeitaktivitäten und Gewohnheiten, aber auch auf rebellisches Verhalten gegenüber bestehenden Institutionen, zum Beispiel wenn Jugendliche Drogen konsumieren oder sich aufmüpfig gegenüber ihren Eltern verhalten (vgl. ebd.,

S. 94). Erklären lässt sich die Bedeutung der Peers für das Verhalten unter anderem durch das von Bandura beschriebene sozial-kognitive Modelllernen. Die Kinder und Jugendlichen lernen durch das Beobachten ihrer Peers, üben soziale Muster und erproben untereinander soziale Verhaltensweisen.

4 Schule als optimaler Lernort?

Wie bereits erwähnt wird Lernen oftmals mit den verschiedenen Lerntechniken, die man sich in der Schulzeit aneignet und verwendet, gleichgesetzt und da Kinder nun mal einen Großteil ihrer Zeit in der Schule verbringen, spielt dieses schulische Lernen in der Tat eine wichtige Rolle beim Heranwachsen. Betrachtet man die Jahrtausende alte Vergangenheit des Konzepts der Schule und die Tatsache, dass sich im Kern über all die Jahre hinweg nicht allzu viel verändert hat, so sollte man davon ausgehen können, dass die moderne Schule ein Ort des Lernens ist, wo optimale Bedingungen dafür herrschen. Ob dies tatsächlich der Realität entspricht und auf welche Weise heutzutage in Schulen gelehrt und gelernt wird, ist das Thema dieses Kapitels. Es liegen genug Ergebnisse über effektives Lernen vor und theoretisch sollte es möglich sein, einen lernfördernden Rahmen zu schaffen, doch wie sieht es in der Praxis aus und welche Faktoren behindern möglicherweise erfolgreiches Lernen in der Schule? Zusätzlich zu den heute gängigen Praktiken werden die Grundgedanken der alternativen Erziehungsmodelle der Reformpädagogen Rousseau, Pestalozzi und Montessori zusammengetragen. Außerdem wird die von A.S. Neill gegründete Summerhill-Schule vorgestellt und deren spezielles pädagogisches Konzept erklärt.

4.1 Wie wird in der Schule gelernt?

Lernen in der Schule wird von vielen Menschen als Prototyp von Lernen angesehen. Wir alle kennen die Situation, in einem Klassenraum mit 20 bis 30 Mitschülern zu sitzen und einer Lehrkraft zuzuhören, die an der Tafel Unterricht erteilt und so versucht, Wissen zu vermitteln. Tatsächlich stellt die Schule in der Kindheit und Jugendzeit neben der Familie oftmals den wichtigsten Lernkontext dar. Schließlich verbringen die meisten Schülerinnen und Schüler einen Großteil ihrer Zeit in der Schule und erwerben dort wichtige Fertigkeiten und Wissen, dass sie auf ein selbstständiges, erfolgreiches und eigenverantwortliches Leben in einer zunehmend komplexeren Gemeinschaft vorbereiten soll (vgl. Winkel, Petermann & Petermann, 2006, S. 257). Grundsätzlich gilt die Schule als Erziehungs- und Bildungseinrichtung für Kinder, Jugendliche und junge Erwachsene und soll diese auf dem „Weg von der Unmündigkeit zur Mündigkeit" leiten und unterstützen. Dies schließt sowohl die Vermittlung von Wissen als auch Techniken zur Wissensaneignung und darüber hinaus Werte, Normen und soziale Verhaltensweisen mit ein. Allerdings muss festgehalten werden, dass es „die" Schule überhaupt nicht gibt. Die Organisationsstruktur allein in Deutschland variiert stark und sowohl die Rahmenbedingungen als auch die gängigen Interaktionspraktiken und Lehr-Lern-Modelle fallen sehr unterschiedlich aus. Der Grund dafür ist, dass Funktion, Aufgabe und Struktur der Schule sowie die Art und Weise, wie Wissen vermittelt wird, stets von Zeit und Gesellschaftsform abhängig ist (vgl. ebd.). Aufgabe der modernen Schule ist es im Grunde, Lernprozesse professionell zu organisieren. Sie übernimmt damit die in der vormodernen Gesellschaft noch der Familie vorbehaltene Funktion, das für wichtig erachtete Wissen zu vermitteln und Kindern und Jugendlichen sowohl spezielle Fähigkeiten als auch soziale Werte und Verhaltensweisen beizubringen, um sie so auf ein selbstständiges Leben als Teil der Gemeinschaft vorzubereiten (vgl. Erhorn, 2012, S. 23).

Wenn man in der Schule ein komplexes Stoffgebiet lernt, so bietet die Lehrkraft in der Regel einen leichten Einstieg in das Thema, indem einfache Beispiele vorgegeben werden, aus denen sich einfache Strukturen erschließen lassen. Sobald diese gefestigt sind, gibt es kompliziertere Strukturen als neuen Input, welche nur dann zu verstehen sind, wenn man zunächst die einfachen gelernt hat. So geht es Schritt für Schritt weiter, vom Einfachen bis zum Komplizierten, bis man einen insgesamt komplexen Stoff beherrscht (vgl. Spitzer, 2007, S. 232). Ein Problem dieser Art des Lernens besteht darin, dass die Schülerinnen und Schüler zu wenig zum selbstständigen Lernen animiert werden. Sie entwickeln keine Verbindung zu den gelernten Inhalten und beschäftigen sich nicht über die Schulstunde hinaus damit und „wenn der Schüler es nicht schafft, die Inhalte, um die es in der Schule geht, mit seiner ganz individuellen Lebenserfahrung in Verbindung zu bringen, wird er letztlich nichts lernen" (ebd., S. 416). Der Lernstoff wird zwar im Gedächtnis abgespeichert, aber nach der nächsten Klausur wird alles wieder vergessen. Es wird nicht gelernt, das Wissen in realistischen Problemsituation anzuwenden und das, obwohl insbesondere die Fähigkeit, Gelerntes auch in neuen und unbekannten Situationen anzuwenden, eine der Schlüsselkompetenzen darstellt, die die Schule als Vorbereitung auf Berufswahl und -leben vermitteln soll (vgl. Winkel, Petermann & Petermann, 2006, S. 262). Ebenfalls unvorteilhaft ist, dass in vielen Schulen Fehler als Ausdruck von Schwäche in einer leistungs- und wettbewerbsorientierten Gesellschaft stigmatisiert werden (vgl. Largo, 2010, S. 78). Nicht jedes Kind lernt auf die gleiche Art und Weise und im gleichen Tempo. Diejenigen, die dem Druck nicht standhalten, fallen durch das Bildungssystem, erreichen keinen guten Abschluss und haben damit schlechtere Chancen im späteren Leben und in der Berufswelt. Um dies zu verhindern und ihre Kinder schnellstmöglich in die Erfolgsspur zu bringen, greifen viele Eltern und Lehrer auf zusätzliche Fördermaßnahmen zurück, ohne zu erkennen, dass sie den Druck damit meist noch erhöhen. Stattdessen brauchen Kinder moralische Unterstützung und Zeit, um in Ruhe den Schulstoff aufzunehmen, zu verarbeiten und eigenständig Erfahrungen zu machen, die an das „aktuelle Verständnis anknüpfen und es vergrößern" (vgl. ebd., S. 79). Unruhe entsteht vor allem dann, wenn der Anspruch besteht, in möglichst geringer Zeit möglichst vieles zu schaffen. Nachdem deutsche Schüler zu Beginn der Jahrtausendwende im Vergleich zu anderen Ländern erschreckend schwach bei der PISA Studie abgeschnitten haben, hat sich die Arbeitsweise an deutschen Schulen in vielerlei Hinsicht leider nicht zum positiven entwickelt. Der Fokus beim Unterrichten wird an vielen Schulen immer mehr auf schnell vorzeigbare Ergebnisse gelenkt, um schnelle Fortschritte präsentieren zu können. Diese Ergebnisse sollen als Qualitätsmerkmal der Einrichtungen dienen und gewinnen im Gegensatz zu einer ganzheitlichen und umfangreichen Bildung immer mehr an Bedeutung (vgl. Krenz, 2011, S. 118). Was dabei oftmals vergessen wird, ist das natürliche Bedürfnis von Kindern und Heranwachsenden nach Bewegung. Der Zusammenhang zwischen Schule und Bewegung geht zurück bis ins antike Griechenland. Dort war das *Gymnasium* ein Ort, an dem die männlichen Jugendlichen sowohl ihren Körper als auch ihren Geist trainierten. Während damals noch die körperliche Ertüchtigung im Mittelpunkt stand, kommt dieser heutzutage nur noch eine untergeordnete Rolle zu (vgl. Brägger, Hundeloh, Posse & Städter, 2017, S. 10) und die Folgen davon lassen sich im Unterricht sehen. Immer wieder ermahnen Lehrer Kinder, die sich unruhig auf ihren Stühlen hin und her bewegen, „kippeln" oder aufstehen und ihren Platz verlassen. Viele Lehrer empfinden einen gesteigerten Bewegungsdrang als etwas Störendes und sanktionieren oder unterbinden daher das Verhalten ihrer Schüler. Doch wenn Kinder aufgeregt sind oder ihr Hormonhaushalt durch brisante Gedanken oder kurz zurückliegende aufwühlende Ereignisse angeheizt wird, ist es für sie schlicht weg nicht möglich, ruhig zu sitzen. Bewegung muss vor allem bei Heranwachsenden als Möglichkeit, wenn nicht gar physiologische Notwendigkeit des Körpers verstanden werden, innerlichen Druck abzulassen und Stress als Folge aufgestauter Gefühle und Emotionen abzubauen (vgl. Krenz, 2011, S. 114). Der Aufforderung des Lehrers Folge zu leisten hieße in dem Fall, natürliche und völlig normale Erscheinungen zu unterdrücken und physiologische Gegebenheiten auf den Kopf zu stellen. Um dem Grundbedürfnis der Kinder gerecht zu werden, brauchen diese jeden Tag die Möglichkeit, sich ausreichend zu bewegen. Anstatt also zu versuchen, jegliche Form von Bewegung aus dem Klassenzimmer zu verbannen und vom Lernprozess zu isolieren, müssen Wege gefunden werden, beides zu vereinen, denn auch das ist Aufgabe der Schule (vgl. ebd., S. 112). Das Angebot der Schulen darf aber nicht auf den in den meisten Fällen ohnehin schon beschränkten Sportunterricht begrenzt sein, sondern muss fächerübergreifend organisiert werden. In den folgenden Kapiteln finden sich sowohl theoretische Begründungen dafür, warum ausreichend Bewegungsaktivitäten wichtig für Kinder und deren Entwicklung sind als auch Möglichkeiten, wie sich diese in der Praxis in den Schulalltag integrieren lassen.

Ein Trend, der sich vor allem in den letzten Jahren beobachten lässt, ist, dass mehr und mehr Schulen die Schulzeit bis in den Nachmittag hinein verlängern und zu Ganztagsschulen werden. Dies hat zum einen den Grund, dass in immer mehr Familien beide Elternteile erwerbstätig sind und ihre Kinder tagsüber nicht selbst betreuen können (vgl. Bründel, 2014, S. 37). Zusätzlich steigen die allgemeinen Erwartungen an die Schulen, die als Kinderhorte dienen, ein Bewusstsein für geistige und körperliche Gesundheit schaffen und immer mehr relevantes und aktuelles Wissen vermitteln sollen. Das alles in einer Gesellschaft, die sich mit zunehmender Geschwindigkeit verändert und stets neue Anforderungen an ihre Erziehungs- und Bildungseinrichtungen stellt. Ob Ganztagsschulen das Modell der Zukunft sind oder nicht, wird sich noch zeigen. Klar ist jedoch schon jetzt, dass unser Schulsystem dringend neu überdacht werden und den Umständen der modernen Welt basierend auf dem Wissen über Lernen und Entwicklung, das wir haben, angepasst werden muss, denn aktuell wird „kindgerechtes Lernen, das zu nachhaltigem Begreifen führt, [...] in der Schule leider wenig gefördert" (Largo, 2010, S. 65).

4.2 Alternative Erziehungskonzepte

Für einen Großteil der menschlichen Geschichte wurden Kinder nicht als individuelle Menschen anerkannt, sondern galten lediglich als unfertige Erwachsene. In den ersten Lebensjahren mussten sie umsorgt werden und sobald sie ein bestimmtes Alter erreicht hatten, konnten sie die Eltern in deren Tätigkeiten im Haushalt oder bei der Arbeit unterstützen. Die Kindheit wurde nicht als eigener Lebensabschnitt verstanden und den Gedanken, Interessen und Bedürfnissen von Kindern wurde wenig Beachtung geschenkt. Einer der ersten, die dieses Denkmuster durchbrachen und dem Lebensabschnitt von der Geburt über das Heranwachsen bis zum „fertigen" Erwachsenen eine fundamentale Bedeutung für das spätere Leben zugestand, war der Schweizer Philosoph, Pädagoge, Naturforscher und Schriftsteller Jean-Jacques Rousseau, weshalb er auch als „Entdecker der Kindheit" bezeichnet wird. Zudem entwickelte er grundlegend den modernen, professionellen Erzieher, der seine volle Aufmerksamkeit dem Zögling schenkt, diesem den optimalen Raum zum Heranwachsen bietet und sich bei der Erziehung methodischer Kenntnisse bedient (vgl. Stumpf, 2015, S. 41). Rousseau präsentierte seine Ideen und Grundsätze hauptsächlich in Form des fiktiven Erziehungsromans „Emile", der von ihm als perfekten Vater und Erzieher handelt. Darin thematisiert er die Lebenssituation eines fiktiven Sohnes, dessen altersgemäße Bedürfnisse und die nötigen Rahmenbedingungen für die Erziehung. Rousseau war der Auffassung, dass ein Erwachsener nie mehr als ein Kind gleichzeitig großziehen könne, da dieses seine volle Aufmerksamkeit beanspruche. Seine Maxime ist dabei die Ablehnung und Vermeidung sämtlicher kultureller Einwirkungen und stattdessen eine Rückkehr zur natürlichen Entwicklung (vgl. Schulz, 1982, S. 20). Dies schließt die Ablehnung ausgewählter Bildungsinhalte bei der Erziehung mit ein und bestimmt eine eher passive Rolle des Erziehers. Er soll seinem Zögling einen von kulturellen Einflüssen unverfälschten Raum bieten, in dem dieser eigene Erfahrungen sammeln und sich die Welt mit Hilfe von ergänzenden Erklärungen selbst erschließen kann (vgl. ebd., S. 22). Um dieses Ziel zu erreichen geht Rousseau sogar soweit zu behaupten, das Kind müsse komplett von anderen Menschen isoliert erzogen werden. Erst wenn sich sein Charakter gebildet hat und es in der Lage ist, sich seine gedankliche und körperliche Freiheit wider der gesellschaftlichen Einflüsse zu erhalten, ist es bereit, ein eigenständiger Teil eben dieser Gesellschaft zu werden (vgl. Stumpf, 2015, S. 43). Einen Eckpfeiler in Rousseaus Theorie bildet die natürliche Leibeserziehung. Der Mensch ist bestimmt durch sein leibliches Existenzgefühl, weshalb seine körperliche Wahrnehmung und Ausdrucksfähigkeit den Ausgangspunkt für eine natürliche Erziehung bilden. Rousseau erkannte schon vor etwa 300 Jahren die zentrale Bedeutung von Bewegung für das psychische Gleichgewicht, welches entscheidend für das Leben und Lernen ist und ihm nach sei es „vor allem wegen der Seele [...] nötig, den Körper zu üben, und gerade das ist es, was unsere Klugschwätzer nicht einsehen wollen" (Rousseau, zitiert nach Schulz, 1982, S. 25). Oder in anderen Worten: Bewegung hilft! Und gerade die, die sich zu wenig bewegen, haben es am Nötigsten. Einerseits haben die natürlichen und mechanischen Leibesübungen die Stärkung der körperlichen Robustheit und Gesundheit als Ziel und sollen dem physischen Verfall und der Verweichlichung des Menschen entgegenwirken. Nur wer einen gesunden Körper hat und widerstandsfähig gegenüber Krankheit und Verletzung ist, kann ein vollwertiges Mitglied der Gesellschaft werden (vgl. ebd., S. 23). Andererseits bildet die Leibeserziehung ein „ausgezeichnetes Mittel zur Steigerung der Selbstbehauptung und Selbstbeherrschung". Die Auseinandersetzung mit den eigenen körperlichen Bedürfnissen und deren Befriedigung unter selbstgewählter Anstrengung schulen die Willensstärke und Disziplin und erweisen sich daher als unerlässliches Mittel im Kampf gegen lasterhafte Versuchungen beim Eintritt in die Gesellschaft (vgl. ebd., S. 24). Rousseaus Ideen haben viele moderne Erziehungs- und Bildungskonzepte inspiriert, die sich ebenfalls von der Vermittlung institutionalisierten Wissens abwenden und alternative Wege wählen. Seine vermutlich größte Errungenschaft war es, die Kindheit als eigenständigen Lebensabschnitt zu definieren und bei der Erziehung ein allgemeines Bewusstsein für das natürliche Potential von Kindern zu schaffen.

Wie Rousseau war auch der Schweizer Pädagoge Johann Heinrich Pestalozzi der Meinung, die Menschheit sei verdorben und zu ihrer Rettung bedürfe es einer grundlegend neuen Erziehungsmethode. Diese Methode leitete er von den seiner Ansicht nach ungenügenden und unbefriedigenden Erziehungsversuchen seiner Eltern während seiner eigenen Kindheit ab. Seine Mutter habe ihn durch ihre übertriebene Fürsorge verweichlicht und ihn zu einem „weltfremden und tollpatschigen Jungen" erzogen und sein beruflich erfolgloser Vater habe nie als Vorbild dienen können und die Familie, ohne für deren Sicherheit zu sorgen, mit seinem frühen Tod im Stich gelassen (vgl. Adl-Amini, 2001, S. 15f). Nachdem Pestalozzi seinen eigenen Sohn nach den Vorgaben aus Rousseaus *Emile* aufziehen wollte, sich dies jedoch als nicht praktikabel und schlussendlich negativ für die Entwicklung des Kindes herausstellte, setzte er sich zum Ziel, ein durchführbares und den Möglichkeiten der gemeinen Bevölkerung entsprechendes Erziehungsprogramm zu entwickeln. Dabei verstand er eine umfassende Bildung als Grundvoraussetzung für ein selbstständiges und unabhängiges Leben und als Chance der einfachen Leute, ihre Lage innerhalb bestehender politischer Strukturen zu verbessern und gesellschaftlich aufzusteigen, was das Verhältnis von Gesellschaft und Individuum nachhaltig prägte (vgl. Stumpf, 2015, S. 59). Da die von Rousseau empfohlene Methode mit einem Erzieher, der sich bloß um ein einzelnes Kind kümmert, nicht realisierbar war, wollte Pestalozzi die bestehende Schulstruktur in abgewandelter Form beibehalten. Dazu nahm er Armenkinder auf einem Bauernhof auf, den er zu einer seinen Ansichten entsprechenden Erziehungseinrichtung formte. Diese Anstalt bot auf verschiedene Art und Weise die optimalen Bedingungen für Pestalozzis Methode mit dem Ziel der „vollkommene[n] Entfaltung aller menschlichen Anlagen in den drei genannte Bereichen: Herz, Kopf und Hand." (Adl-Amini, 2001, S. 150) In der Wohnstube, in der die Kinder sowohl Zeit miteinander als auch mit ihrem Erzieher verbrachten, sollte das Herz gebildet werden. Die Rolle des Erziehers entspricht hier der eines Gärtners, von dessen Pflege und Förderung es abhängt, ob Kinder ihre natürlichen Potentiale entwickeln und entfalten können. Entscheidend ist dabei, dass dieser ihnen mit viel Sensibilität entgegentritt und sie ihm bedingungslos vertrauen können. Dieses Vertrauen bildet die Basis für das Erlernen sittlichen Verhaltens und die Entwicklung elementarer Gefühle (vgl. ebd., S. 62). In der Schule war Pestalozzis erstes Ziel, die Kinder in die Lage zu versetzen, sich selbst und ihre Bedürfnisse besser auszudrücken. Fundament sozialen Zusammenlebens ist Kommunikation und sich mündlich zu verständigen war daher das erste, das Pestalozzis verwahrloste Kinder lernen sollten, bevor sie sich mit höheren Fähigkeiten des Kopfes wie Lesen, Schreiben oder Rechnen beschäftigten (vgl. ebd., S. 152). Die Hand steht in Pestalozzis Modell stellvertretend für den ganzen Körper und symbolisiert zum einen die Geschicklichkeit in handwerklichen Dingen und bei der Arbeit auf dem Feld. Hier findet sich besonders stark der praxisorientierte Aspekt der Methode, da das Erlernen grundlegender handwerklicher Techniken und eine gewisse Geschicklichkeit beim Umgang mit Materialien den Kindern aus sozial schwachen Verhältnissen als Chance auf einen Beruf dienen sollte (vgl. ebd., S. 164). Zusätzlich präsentiert die Hand die Wahrnehmung und Ausdrucksfähigkeit des eigenen Körpers verbunden mit motorischen Aktivitäten. Wenngleich Pestalozzi der Leibeserziehung nicht die gleiche Bedeutung beimaß wie Rousseau, finden sich auch bei ihm Hinweise auf die Bedeutung eines geschulten Körpers und die Verbindungen zwischen körperlicher und kognitiver Aktivität. Allgemeine Bewegungsformen wie Laufen, Werfen und Springen, die ein Gerüst aus physischer Belastbarkeit, Fitness und Geschicklichkeit schaffen, sollen unterrichtet werden. Zusätzlich Tanzen als Form des körperlichen Ausdrucks und da es eine hohe Körperbeherrschung fordert und fördert. Die negativen Folgen eines nicht ausgelebten Bewegungsdrangs nennt er eine „Hemmung" seiner „nach Entwicklung und Tätigkeit strebenden Kräfte" (Pestalozzi, 1946 zitiert nach Adl-Amini, 2001, S. 147). Noch heute bilden Pestalozzis Maxime die Eckpfeiler jeder modernen Didaktik, wobei sich die Reihenfolge verändert hat. Nicht mehr die affektiven Fähigkeiten des Herzens, unsere Gefühle und Emotionen, sondern der kognitive Bereich des rationalen Erkennens und Interpretierens steht an erster Stelle. Dem motorischen und psychomotorischen Bereich und dem Erlernen praktischer Fähigkeiten, die die allgemeinen Schultechniken überschreiten, also Pestalozzis Hand, wird heute wie damals in der Regel weniger Bedeutung zugemessen (vgl. ebd., 153).

Eine der berühmtesten und einflussreichsten Pädagoginnen des späten 19. und frühen 20. Jahrhunderts war die Italienerin Maria Montessori. Während ihrer Arbeit als Ärztin in einer psychiatrischen Klinik in Rom entwickelte sie ein Konzept zur Behandlung geistig behinderter Kinder. Eckpfeiler dieser pädagogischen Idee waren die „Ermutigung kindlicher Initiative und Selbstbestätigung sowie die Kompensation der Behinderung mit Hilfe des von ihr entwickelten Lern- und Übungsmaterials" (vgl. Stumpf, 2015, S. 123). Nachdem sich erste Erfolge einstellten, beschloss Montessori, das Konzept auf die Erziehung nicht behinderter Kinder auszuweiten. Ähnlich wie bei Rousseau spielt auch in der Montessori-Pädagogik der Eigenwert der Kindheit eine entscheidende Rolle. Montessori widersprach der allgemeinen Meinung ihrer Zeit, Erwachsene müssen den kindlichen Charakter nach ihren Vorstellungen formen und kritisierte, dass den Kindern zu wenig Eigenverantwortung und Selbstbestimmung in ihrer Entwicklung zugestanden wird (vgl. Montessori, 1934/2008, S. 15). Das große Problem der allgemeinen Pädagogik liege darin, dass sie nicht auf das Kind selbst ausgerichtet sei, sondern sich stattdessen in Form von Erziehungsratschlägen und -richtlinien direkt an die Erwachsenen wende. Das Kind wird so „zum Objekt der Erziehung und des Unterrichts gemacht" und seine individuellen Bedürfnisse und Wünsche, seine eigene Persönlichkeit, finden kaum Beachtung (vgl. ebd., S. 16). Montessori spricht bei der Entwicklung von Kindern von verschiedenen sensiblen Phasen, in denen diese besonders empfänglich für Reize aus der Umwelt sind. Große Bedeutung misst sie der frühkindlichen Phase der Verfeinerung der Sinne und Wahrnehmung bei. Kinder erschließen sich die Welt nicht durch abstraktes Denken, sondern grundsätzlich über ihre Sinne und indem sie Dinge anfassen und damit experimentieren. Für die kindliche Entwicklung ist es daher essentiell, dass sie Möglichkeiten bekommen, ihren natürlichen Bewegungs- und Erkundungsdrang auszuleben, denn „das Kind muss sich immer bewegen, kann nur aufpassen oder denken, wenn es sich bewegt" (vgl. ebd., S. 21). Eine entscheidende Rolle spielt die Bereitstellung einer geeigneten Lernumgebung. Diese muss den körperlichen Ansprüchen des Kindes entsprechen und das Mobiliar muss auf die Proportionen des Kindes abgestimmt sein. Tragbare Tische und Stühle bieten sich für flexible Unterrichtsformen an und fördern zudem die Motorik der Schülerinnen und Schüler. Der Raum muss übersichtlich angeordnet und aufgeräumt sein und darf die Kindern nicht mit zu vielen Reizen vom Lernen ablenken, sodass die äußere Ordnung der Umgebung den Kindern dabei hilft, zu innerer Ruhe zu gelangen. Mit den vorbereiteten Materialien sollen geordnete Reize angeboten werden, die zu selbstständigem Arbeiten anregen sollen (vgl. ebd., S. 23). Heute gibt es auch in Deutschland eine Vielzahl von Schulen, an denen nach den Prinzipien Montessoris gelehrt und gelernt wird. Anstelle des Frontalunterrichts können die Schülerinnen und Schüler dort in offenen Unterrichtsformen je nach persönlichem Entwicklungsstand und dem eigenen Lerntempo entsprechend arbeiten. Ihre Leistungen werden nicht von den Lehrern benotet, aber die zur Verfügung gestellten Lernmaterialien bieten Möglichkeiten zur Selbstkontrolle. In der Regel sind die Klassen jahrgangsdurchmischt und es wird viel Wert darauf gelegt, dass die Schülerinnen und Schüler sich gegenseitig unterstützen und im sozialen Bereich voneinander lernen. Lehrer, die an einer Montessori-Schule unterrichten möchten, müssen vor allem aufmerksame Beobachter sein und die Kinder in deren eigenständigem Lernen unterstützen. Der Leitsatz lautet: „Hilft mir, es selbst zu tun." Neben einer staatlichen Ausbildung benötigen sie ein zusätzliches Diplom, dass zum Beispiel beim Montessori Dachverband Deutschland erworben werden kann (vgl. URL 1).

Eine der bekanntesten Schulen, die sich als gegenwärtige Alternative zu den traditionellen staatlichen Schulen entwickelt hat, ist die Summerhill-Schule in Suffolk, England. Gründer und langjähriger Leiter der Schule war der schottische Pädagoge Alexander Sutherland Neill. Diese Schule versteht sich als eine der ältesten demokratischen Schulen der Welt und setzt ihre Schwerpunkte nicht auf die Vermittlung möglichst vieler Fakten, eine Vielzahl von Tests und schnell vorzeigbare Ergebnisse. Stattdessen stehen vor allem das Wohlbefinden und Glück der Schülerinnen und Schüler im Mittelpunkt, denn „alle Kinder haben ein Recht auf Glück, und es ist verkehrt, es ihnen schwerzumachen, um sie auf ein Leben vorzubereiten, das nicht dazu angetan sein mag, sie glücklich zu machen" (Neill, 1999, S. 103). Grundvoraussetzung für glücklich lernende Kinder ist laut Neill, dass diese die Möglichkeit haben müssen, für sich selbst zu entscheiden, was sie wann lernen wollen. Diese Freiheit und Selbstbestimmung bilden das Fundament von Summerhill. Es gibt keinen festen Lehrplan und Kinder lernen ihren Wünschen entsprechend (vgl. ebd., S. 143). Nahezu alle Entscheidungen, die die Schule betreffen, werden durch eine demokratische Abstimmung der gesamten Schulgemeinschaft getroffen, was sich positiv auf die Lernbereitschaft und die Freude der Kinder am Lernen auswirkt (vgl. ebd., S. 15). In Summerhill werden die Kinder als eigenständige Individuen wahrgenommen und bekommen die Möglichkeit, ihren Interessen und Bedürfnissen entsprechend zu handeln. Damit wird ihnen teilweise die Verantwortung für die Gestaltung ihres eigenen Lebens übergeben. Diese Verantwortung und die Erfahrungen, die sie in der Schule machen, sollen sie dazu befähigen, auch als Erwachsene ihre eigenen Lebensinhalte, beeinflusst von kulturellen und gesellschaftlichen Werten und Ansichten, zumindest zum Teil frei und selbstbestimmt zu wählen (vgl. Spitzer, 2007, S. 457). Sie erlernen, sich neue Gebiete selbst zu erschließen und eigene Erfahrungen zu machen, ohne Druck durch die Lehrer zu verspüren und für Fehler bestraft zu werden. Die Aufgabe der Lehrer ist es, ein gutes Verhältnis zu den Schülerinnen und Schülern aufzubauen, ihnen mit Liebe und Geduld zu begegnen und den passenden Rahmen für selbstbestimmtes Lernen zu stellen (vgl. Neill, 1999, S. 108). Auch dem traditionellen Sportunterricht steht die Summerhill-Schule kritisch gegenüber. Turn- und Sportstunden sind nicht im Lehrplan enthalten, denn die vorgegebenen Übungen stimmen nicht mit der Philosophie der freien Wahl der Inhalte überein. Stattdessen bekommen die Schülerinnen und Schülern in freien Bewegungsstunden in der Natur die Möglichkeit, ihren Bewegungsdrang auszuleben. „Die beste körperliche Betätigung" ist laut Neill die, die Kinder durch möglichst natürliches Verhalten, also beim Erschließen ihrer Umgebung durch Laufen, Klettern oder Schwimmen und beim Spielen mit anderen Kindern, erfahren (vgl. ebd. S. 77). Wettkampf- und Mannschaftsspiele spielen daher auch nur eine untergeordnete Rolle. Durch ihr striktes Regelwerk fördern sie die Phantasie, einen der zentralen Punkte kindlichen Spielens, zu wenig und tragen nicht zur Entstehung einer funktionierenden Schulgemeinschaft bei. Diese ergibt sich nicht durch das Konkurrieren mit anderen, sondern durch die „Selbstregulierung des Gemeinschaftslebens" in allen Bereichen der Schule (vgl. ebd., S. 37).

5 Schule muss bewegt sein

Dass Menschen und insbesondere Kinder ein natürliches Bedürfnis danach haben, sich zu bewegen, wurde bereits mehrfach erwähnt. Ebenso, dass die meisten Schulen diesem nicht gerecht werden und daher neue Konzepte nötig sind. Denn aktuell sehen sich die Schulen mehr denn je mit der Aufgabe konfrontiert, das menschliche Bewegungsverhalten nicht nur in theoretischem Unterricht zu thematisieren, sondern konkret zu beeinflussen, gesundheitliche Prävention zu leisten und Bewegung im Sinne einer ganzheitlichen Bildung als zentrales Element in allen Bereichen des Schulalltags zu integrieren (vgl. Hildebrandt-Stramann & Laging, 2013, S. 55). Immer mehr Schülerinnen und Schüler sind übergewichtig, weisen motorische Defizite auf und lernen niemals, sich mit ihrem eigenen Körper auseinanderzusetzen. Eines der möglichen Konzepte, dass dem entgegenwirken kann, ist das der bewegten Schule (vgl. Thiel, Teubert, Kleindienst-Cachay, 2011, S. 11). Eben dieses Konzept soll in dem folgenden Kapitel vorgestellt werden. Dabei wird sowohl der historische Kontext als auch die Bedeutung in der Diskussion um neue Schulkonzepte beleuchtet. Anschließend wird begründet, warum es unerlässlich ist, unsere Schulen bewegter zu machen. Hierbei werden sowohl entwicklungs- und lerntheoretische und medizinisch-gesundheitswissenschaftliche als auch schulprogrammatische Begründungsmuster aufgeführt.

5.1 Entstehung der Bewegten Schule

Dass Bewegung und Schule bereits seit der Antike zusammengehören, wurde bereits erwähnt. Auch wenn im Folgenden von der Entstehung der bewegten Schule die Rede ist, darf nicht außer Acht gelassen werden, dass im Laufe des letzten Jahrhunderts der Wunsch nach einer bewegungsfreundlicheren Schulentwicklung nichts Neues ist. Der Startpunkt für das explizit so bezeichnete Konzept der „Bewegten Schule" war ein vom Schweizer Urs Illi bereits Mitte der 80er-Jahre zum ersten mal vorgebrachtes Anliegen, die durch langes und stilles Sitzen hervorgerufenen Haltungsprobleme und weitere Beschwerden mit zusätzlichen Bewegungsformen im Schulalltag aufzufangen (vgl. Illi & Weckerle, 1993). Sein Vorschlag war ein bewegter Unterricht und die Etablierung von Bewegung als zentralem Lebenselement durch die Schulen. Neben dem kompensatorischen Effekt gewann auch der Einfluss von Bewegung auf die Lern- und Lehrprozesse zunehmend an Bedeutung. Die Funktionen und Ziele der bewegten Schule nahmen mehr und mehr Formen einer ganzheitlichen Erziehung an, bei der im Sinne Pestalozzis Lernen mit Kopf, Herz und Hand erfolgen soll (vgl. Regensburger Projektgruppe, 2001, S. 38).

In den letzten Jahren hat sich dieser Auftrag der Schulen durch die Modernisierung und Technologisierung der kindlichen Lebenswelt weiter verstärkt. Die Zahl der Kinder und Jugendlichen, die an Übergewicht und Folgeerkrankungen wie Diabetes oder Herz-Kreislauf-Erkrankungen leiden, nimmt ständig zu. Hinzu kommt, dass sich viele Kinder wesentlich weniger und als Folge dessen oftmals unbeholfener bewegen als früher, in ihrer Wahrnehmungsfähigkeit eingeschränkt sind und mit einer Vielzahl kognitiver Aufgaben überfordert sind (vgl. Brägger et. al., 2017, S. 32). Um die zurückgehende Bereitschaft zur freiwilligen und differenzierten Bewegungsausführung bei Kindern und Jugendlichen entgegenzuwirken, hat sich die bewegte Schule als eines der wichtigsten Themen sportpädagogischen Handelns und Denkens etabliert. Sie soll ein Gegenentwurf zur Abnahme des natürlichen Bewegungsraumes von Kindern und Jugendlichen sein und den gesamten Schulalltag bewegter gestalten (vgl. Regensburger Projektgruppe, 2001, S. 12). Das heißt, bewegte Schule bedeutet weit mehr als nur Pausen vom stundenlangen Unterricht im Sitzen und zusätzliche Bewegungsaufgaben für Schülerinnen und Schüler, sondern die Entstehung einer vollkommen neuen Schulkultur. Das Modell der bewegten Schule lässt sich damit zwischen das der Motorikschule, die hauptsächlich auf den Ausgleich körperlicher Defizite ausgerichtet ist und das der Bewegungsraumschule, deren Hauptanliegen es ist, Kindern Lebensräume mit Bewegungsmöglichkeiten zur Verfügung zu stellen, in denen diese ihre eigenen Erfahrungen sammeln können, einordnen (vgl. ebd., S. 16). Bewegung muss im Sinne einer ganzheitlichen Pädagogik ein elementarer Teil des Lebens und Lernens in der Schule sein, denn „bewegte Kinder sind immer auch innerlich beteiligte Kinder, deren Gedanken und Gefühle auf eine bestimmte Tätigkeit oder Erfahrung ausgerichtet sind, was sich durch die Bewegung sichtbar macht." (Krenz, 2011, S. 112) Nach heutigem Stand bedeutet dies für Schulen, dass sie eine Reihe an Voraussetzungen erfüllen müssen, um auch wirklich als bewegte Schule zu gelten. Den Schülerinnen und Schülern müssen in allen Bereichen der Schule Möglichkeiten zur Bewegung und körperlichen Aktivität, aber auch zur Entspannung angeboten werden und die Nachhaltigkeit dieser Angebote muss durch die Verankerung im Schulprogramm gesichert sein. Die im Sinne ganzheitlichen Lernens integrierten Bewegungsformen und Förderung der Sinneswahrnehmung sollen die Lernprozesse effektiver machen und zu einem lebenslangen Lernen hinführen. Dazu ist es erforderlich, dass möglichst alle Kolleginnen und Kollegen das Konzept unterstützen und einerseits bereit sind, sich auf gewissen Gebieten fortzubilden und andererseits auch, den Schulalltag aktiv selbst zu gestalten (vgl. Brägger et al., 2017, S. 16).

Grundsätzlich ist das übergeordnete Ziel aller pädagogischen und therapeutischen Überlegungen, Kinder in ihrer Persönlichkeitsentwicklung zu fördern und zu unterstützen. Nach Hildebrandt-Stramann und Laging soll die bewegte Schule dies schaffen, in dem sie den Menschen als „Einheit aus Körper, Seele und Geist definiert, eingebunden in eine dingliche und personale Umwelt" und Bewegung mit allen Dimensionen des menschlichen Seins verbindet. Sie versteht sich zum einen als Interventionsmaßnahme gegen Defizite der heutigen Lebenswelt von Kindern und Jugendlichen, zum anderen soll sie ihnen durch zusätzliche Bewegungsaktivitäten als Teil einer ganzheitlichen Bildung den bestmöglichen Raum für eine positive Entwicklung bieten (vgl. Hildebrandt-Stramann & Laging, 2013, S. 56).

5.2 Begründungsmuster

Argumente, die für eine bewegte Schule sprechen, gibt es viele. Eben diese Vielzahl könnte der Grund dafür sein, warum zwischen den verschiedenen Ansätzen und Projekten zwar eine ungefähre gemeinsame Idee besteht, aber die Vorstellungen im Detail und bei der praktischen Umsetzung zum Teil stark auseinandergehen (vgl. Thiel, Teubert, Kleindienst-Cachay, 2011, S. 23). Es bedarf einer systematischen Kategorisierung der Begründungen, um allgemeine Klarheit zu schaffen, welchen Auftrag eine bewegte Schule hat und wie dieser umzusetzen ist. Die folgende Bündelung und Einteilung dieser Vielzahl an verschiedenen Begründungsmuster in die drei Oberkategorien *entwicklungs- und lerntheoretische, medizinisch-gesundheitswissenschaftliche* und *schulprogrammatische* nach Thiel, Teubert und Kleindienst-Cachay (2011) soll bei der Ordnung der unterschiedlichen Argumente und damit bei der Entwicklung eines umfassenden schultheoretischen Konzepts helfen. Während erstgenannte die Grundvoraussetzungen zum Lernen und den bestehenden Zusammenhang von Entwicklung und Bewegung aufführen, sind die medizinischen Begründungen eher kompensatorischer Natur und basieren auf Defizitanalysen. Der Fokus bei der dritten Kategorie liegt auf den Forderungen, die an die Schule als Institution und Kulturphänomen gestellt werden.

5.2.1 Entwicklungs- und lerntheoretische Begründung

Wie bereits erwähnt, handelt es sich bei *Lernen* um einen Prozess, der durch die Aufnahme von und aktive Auseinandersetzung mit Sinneseindrücken aus der Umwelt eine Veränderung des Verhaltens oder des Verhaltenspotentials bewirken soll. Eine der Grundvoraussetzungen zum Lernen stellt die Aufmerksamkeit dar, wobei man zwischen zwei verschiedenen und voneinander größtenteils unabhängigen

Formen unterscheidet. Die Vigilanz beschreibt einen Zustand des Organismus, der von höchster Erregung bis komatös im Extremfall reicht und bezieht sich auf die allgemeine Bereitschaft, Informationen aufzunehmen. Umgangssprachlich wird diese allgemeine Aufmerksamkeit oftmals mit *Wachheit* gleichgesetzt (vgl. Spitzer, 2007, S. 141). Dem gegenüber steht die selektive Aufmerksamkeit, also die Fähigkeit, den Fokus gezielt auf relevante Reize zu lenken. Sie ermöglicht es uns, uns bestimmten Sachverhalten zuzuwenden und gleichzeitig andere auszublenden. Dabei ist zu beachten, dass die selektive Aufmerksamkeit nur eine begrenzte Menge an Informationen aufnehmen und verarbeiten kann. Je mehr Informationsverarbeitungskapazität also von einer bestimmten Aufgabe beansprucht wird, desto schwieriger fällt es, sich intensiv mit anderen Dingen zu befassen (vgl. ebd., S. 144). Durch regelmäßige Bewegungsgelegenheiten zwischen dem Lernen wird die allgemeine Aufmerksamkeitsspanne von Kindern erhöht und sie sind aufnahmefähiger für neue Informationen. Zusätzlich steigert ein Wechsel zwischen kopflastigem Lernen und Bewegungspausen die Fähigkeit, sich intensiv mit einer Sache zu beschäftigen (vgl. Brägger et al., 2017, S. 39). Neben einer gesteigerten Durchblutung und damit besseren Versorgung des Gehirns hat körperliche Aktivität Einfluss auf die Ausschüttung von Neurotransmittern wie Serotonin, Dopamin und Noradrenalin, die sich förderlich auf Aufmerksamkeits- und Konzentrationsleistung auswirken (vgl. ebd., S. 43).

Untrennbar mit der Steuerung der Aufmerksamkeit verbunden und daher von wesentlicher Bedeutung ist die Wahrnehmungsfunktion. Ihr kommt eine Schlüsselrolle beim Lernen zu. Je besser Menschen in der Lage sind, ihre Umgebung wahrzunehmen, desto besser können sie mit dieser interagieren. Die Fähigkeit, sich zu konzentrieren, bedeutet im Grunde nichts anderes, als bedeutsame von unbedeutsamen Reizen zu unterscheiden und die Aufmerksamkeit gezielt auf eine Informationsquelle richten zu können (vgl. Zimmer, 2014, S. 78). Damit ist die Entwicklung der Wahrnehmungsfähigkeit durch taktile, kinästhetische und vestibuläre Erfahrungen das Fundament, auf dem alle weiteren Fähigkeiten aufbauen und daher notwendig für die Entwicklung von Alltagshandlungen. Kinder lernen durch aktives Wahrnehmen und Verarbeiten ihrer Umwelt, verschiedene Sinnesreize zu differenzieren, zu interpretieren und situationsabhängig zu handeln (vgl. ebd., S. 80). Daher sind Wahrnehmung und Bewegung untrennbar miteinander verbunden. Ohne Wahrnehmung sind keine motorischen Handlungen möglich und Lernen erfolgt nicht allein durch Zusehen und Zuhören und das bewältigen kopflastiger Aufgaben, sondern „insbesondere [durch] die körperlich-sinnlichen und handgreiflichen

Erfahrungsmöglichkeiten" die Kinder durch Bewegungsaktivitäten machen (Thiel, Teubert, Kleindienst-Cachay, 2011, S. 26).

Worauf Menschen ihre Aufmerksamkeit lenken, hängt in erster Linie mit ihrer Motivation zusammen. Unter dem Begriff Motivation versteht man eine Vielzahl unterschiedlicher Interessen, die als Motive bezeichnet werden und als Beweggründe für alle Formen unseres Verhaltens gelten. Man unterscheidet zwischen primären Motiven, womit angeborene Triebe und Bedürfnisse wie Hunger, Durst oder dem Bedürfnis nach Schlaf gemeint sind und sekundären Motiven, welche erst im Laufe der Entwicklung erworben werden. Zu den sekundären Motiven, die häufig abhängig von gesellschaftlichen und kulturellen Einflüssen sind, zählen unter anderem das Streben nach Erfolg und Anerkennung (vgl. Zimmer, 2014, S. 112). Dem „kindlichen Bedürfnis nach Bewegung" liegt eine Vielzahl verschiedener Motive zu Grunde, deren zumindest teilweise Erfüllung das Ziel einer bewegten Schule ist. Dazu zählen unter anderem „die Neugierde, der Bewegungsdrang, das Explorationsbedürfnis, das Bedürfnis nach Anerkennung, das Bedürfnis nach Neuem, die Freude an Bewegung und das Bedürfnis nach Leistung" (ebd., S. 113).

Bei den meisten Menschen, die einen Großteil ihrer beruflichen Tätigkeit im Sitzen ausüben, also auch Erwachsenen in Bürojobs zum Beispiel, lassen sich Verhaltensmuster beobachten, die auf einen ausgewiesenen Bewegungsdrang hindeuten. Dazu zählen etwa das unterbewusste Spielen mit Händen, Füßen, Zehen, Zähnen oder Zunge oder das fluchtartige Aufstehen und Umhergehen am Arbeitsplatz (vgl. Brägger et al., 2017, S. 43). Dieses Verhalten suggeriert, dass Bewegung in irgendeiner Form Lern- und Denkprozesse positiv beeinflussen und verstärken kann. In der Schule reagieren die meisten Lehrer heute immer noch mit Unverständnis auf das ausgeprägte Bewegungsbedürfnis der Kinder. Unruhe nach langem Sitzen und Rumgezappel werden als Unterrichtsstörung wahrgenommen und von Lehrern unterbunden und bestraft. Auch zu Hause zeigt sich das gleiche Bild. Eltern, die denken, nach bestem Wissen und Gewissen zu handeln, schärfen ihren Kindern immer wieder ein, sie sollen stillsitzen, um sich besser konzentrieren zu können. Schließlich, so das häufigste Argument, lenken motorische Aktivitäten nur vom Denken ab und sollten daher auf die Zeit davor und danach beschränkt werden (vgl. Largo, 2010, S. 75). Kinder aber nehmen ihre Umwelt hauptsächlich über Bewegungen, Tätigkeiten mit dem eigenen Körper und mit den verschiedenen Sinnen wahr. So erschließen sie sich ihre Umwelt und erfahren gleichzeitig sich selbst, denn sie nehmen ihren Körper wahr, lernen mit ihm umzugehen und ihre Fähigkeiten einzuschätzen (vgl. Thiel, Teubert, Kleindienst-Cachay, 2011, S. 29). Durch Spiel und Bewegung erhalten Kinder Sinneseindrücke, die Voraussetzung für die Entwicklung motorischer und psychischer Fähigkeiten sind. Das Aufnehmen und Empfinden dieser Sinneseindrücke ist es, was die Entwicklung eines Selbstkonzepts überhaupt erst möglich macht. Es führt zur Abgrenzung des eigenen Körpers gegenüber der Umwelt und damit dem Entstehen eines Bewusstseins für die eigene Identität. Insbesondere durch Bewegungshandlungen lernen Kinder, dass sie selbst Ursache bestimmter Effekte in ihrer Umwelt sind. Sie experimentieren und erproben ihre Fähigkeiten und das Ergebnis ihrer Handlung führen sie auf ihr eigenes Können zurück (vgl. Zimmer, 2014, S. 31). Der Umgang und das Ausprobieren mit dem eigenen Körper eignet sich dafür bestens, da er neben Attraktivität auch Leistungsfähigkeit, Können, Gesundheit, Stärken und Schwächen repräsentiert und schnelle Rückmeldung auf das Verhalten liefert. Ein positives Körperkonzept ist daher entscheidend für die Entwicklung von Selbstbewusstsein und Selbstvertrauen. Körperlich aktive Jugendliche nehmen sich selbst in der Regel fitter und leistungsfähiger wahr und schätzen sich sozial kompetenter ein als körperlich wenig aktive Jugendliche (vgl. Brägger et al., 2017, S. 27).

Laut Zimmer stellt das Spielen, vor allem mit anderen Kindern zusammen, die bedeutendste explorative Aktivität von Kindern dar. Beim Spielen können sie in verschiedene Rollen schlüpfen, sich selbst neu entdecken, aber auch Eindrücke aus dem Alltagsleben verarbeiten. Es bereitet ihnen Spaß, sie entwickeln ihre Kreativität und Fantasie und bekommen Lust und Energie, sich in neuen Situationen zu erproben. Durch das Spielen entwickeln sie Problemlösekompetenzen und lernen zudem, ihre eigenen Gefühle und Wünsche besser auszudrücken, um mit anderen wirksam zu kommunizieren. Eine wichtige Eigenschaft kindlichen Spielens ist, dass es stets unabhängig von äußeren Zwecken ist. Es ist von entscheidender Bedeutung, ihnen eine Umgebung zu bieten, in der sie sich wohlfühlen und völlig in ihr Spiel vertiefen können. Kinder spielen um des Spielens willen und um Spaß mit anderen zu haben, nicht, weil sie versuchen, damit etwas zu erreichen (vgl. Zimmer, 2014, S. 100). Neben den lernpsychologischen Aspekten bietet das gemeinsame Spiel zudem die Möglichkeit, soziale Verhaltensweisen zu erproben und zu entwickeln. Kinder müssen sich effektiv miteinander verständigen, um Einigkeit über das Spielthema zu erlangen. Dadurch erweitern sie ihren Wortschatz, lernen neue Begriffskategorien kennen. Bei Kindern mit Sprachschwierigkeiten können Hemmungen abgebaut werden, sich in einer Gruppe zu Wort zu melden. Darüber hinaus bietet das Spielen aber auch die Möglichkeit, sich ohne Worte auszudrücken, was sich vor dem Hintergrund zunehmend heterogener zusammengesetzter Klassengemeinschaften als nützlich erweist, da es die Integration von fremdsprachigen Kindern erleichtert (vgl. Brägger et al., 2017, S. 56). Durch das Aufstellen und Einhalten von Regeln und den Umgang mit Konflikten und Meinungsverschiedenheiten erwerben Kinder beim Spielen in einer Gruppe zudem ein Verständnis für moralische Werte. Mitspielen ist nur möglich, wenn man sich an die Regeln hält und dieses Denkmuster bleibt auch im späteren Leben erhalten. Dabei muss beachtet werden, dass es um einiges kindgerechter und nachhaltiger ist, wenn Lehrer oder Eltern die Regeln mit den Kindern zusammen entwickeln, statt sie ihnen vorzugeben, da dies zu Einsicht führt und solidarisches Verhalten fördert, anstatt nur Gehorsam vorauszusetzen (vgl. Largo, 2010, S. 56).

Das Lernen ist beim Spielen und Sich-Bewegen mit anderen Kindern nicht nur auf die eigenen Handlungen beschränkt, sondern Kinder lernen auch dann, wenn sie anderen bloß zuschauen. Alleine der Anblick einer Bewegungshandlung führt zu einer Aktivierung der motorischen Areale im Gehirn, die Bewegungen organisieren und durchführen. Unser Gehirn speichert motorisches Wissen und wenn wir eine andere Person bei einer Bewegungsausführung beobachten, können wir direkt eine Bedeutung der Bewegung ableiten (vgl. Rinck, 2016, S. 99).

5.2.2 Medizinisch-gesundheitswissenschaftliche Begründung

Ausschlaggebend für die Diskussion um eine bewegte Schule waren wie bereits erwähnt die Forderungen an die Institution Schule, gesundheitliche Mängel, die sich als Folge der „Krise kindlicher Lebenswelt" einstellen, kompensatorisch zu beheben und eine gesundheitsfördernde Unterrichtsweise einzuführen (vgl. Thiel, Teubert, Kleindienst-Cachay, 2011, S. 33). Der Auftrag der Gesundheitserziehung ergibt sich für die Schulen, da in vielen Familien Bewegung und gesunde Ernährung heutzutage eine untergeordnete Rolle spielen. Viele Kinder haben zu Hause nicht die Möglichkeit, ihrem Bewegungsdrang nachzugehen und lernen viel zu wenig über gesunde Ernährung und einen bewussten Umgang mit Medien und der modernen Technologie (vgl. Zimmer, 2014, S. 64). Diese Veränderungen in der Lebens- und Erfahrungswelt haben zum Teil gravierende Folgen für junge Menschen. Vor allem bei Kindern hängen Gesundheit und Wohlbefinden eng mit dem Ausleben der natürlichen Bedürfnisse zusammen und der Verlust unmittelbarer körperlich-sinnlicher Erfahrungen führt zu vielfältigen Krankheitsbildern. Dazu zählen Übergewicht, Haltungsschwächen, motorische Einschränkungen, Diabetes und Störungen in der Wahrnehmungsverarbeitung. Diese Störbilder zeigen sich in Kommunikationsproblemen, Verhaltensauffälligkeiten, Ängsten, Aggressivität, mangelnder Konzentrationsfähigkeit und Hyperaktivität (vgl. ebd., S. 68).

Außerdem forderte Illi, dass die Schulen selbst als Lern- und Lebensort von Kindern und Jugendlichen gesundheitlich verwerfliche Muster wie das stundenlange monotone Sitzen durch Bewegungsformen auflockern. Erkenntnisse der Ergonomie sollen dabei helfen, die Lern- und Arbeitsbedingungen von Schülerinnen und Schülern an deren physiologische und psychologische Gegebenheiten anzupassen. Dies spielt vor dem Hintergrund zunehmender Probleme wie Rückenschmerzen und Haltungsschäden als Folge bewegungsarmer Tätigkeiten in Freizeit und Beruf eine wichtige Rolle. Ruhiges Sitzen scheint zunächst einmal die natürlichste Körperposition zu sein, die wir uns für das Lernen im Klassenraum vorstellen können. Es fällt uns leicht, das Gleichgewicht im Sitzen zu regulieren und ruhiges Sitzen ist die Voraussetzung für gewisse feinmotorische Tätigkeiten in der Schule wie Schreiben oder Zeichnen, die Stabilität erfordern (vgl. Regensburger Projektgruppe, 2001, S. 69). Allerdings zeigen neuere Untersuchungen, dass gerade für das in der Schule geforderte aufrechte, stille Sitzen sehr viel Energie aufgewendet werden muss. Den Körper über einen längeren Zeitraum in dieser unnatürlichen Position zu halten, erfordert viel Muskelarbeit und die permanente Beanspruchung der Muskulatur führt dazu, dass diese nicht mehr ausreichend mit Nährstoffen versorgt werden kann. Die Schule muss jedoch sicherstellen, dass die Schülerinnen und Schüler ausreichend Bewegungsmöglichkeiten haben und selbst zwischen Stillsitzen, Entspannung und Aktivität wählen können (vgl. ebd., S. 70).

Gesundheit darf aber nicht nur aus der rein somatischen Perspektive betrachtet und in der Gestaltung einer bewegten Schule als reines Kompensationsargument verstanden werden. Es handelt sich bei Gesundheit viel mehr um einen „Zustand des physischen, psychischen und sozialen Wohlbefindens" (Thiel, Teubert & Kleindienst-Cachay, 2011, S. 36). Die Bedeutung von ausreichend Bewegung und Erfahrungen basierend auf sensomotorischer Wahrnehmung für die Heranwachsenden äußert sich in einer ausgleichenden und entspannenden Wirkung. Bewegungsformen und Spiele, die Möglichkeit den eigenen Körper wahrzunehmen und so Erfahrungen zu sammeln, schaffen einen Ausgleich zu der monotonen kognitiven Belastung des Fachunterrichts. Zudem berücksichtigt eine bewegungsfreudige Umgebung die emotionalen und leiblichen Bedürfnisse von Kindern und Jugendlichen und bietet ihnen die Möglichkeit, Anspannung und Stress nach Überforderungen abzubauen und trägt damit entscheidend dazu bei, dass diese sich in der Schule wohlfühlen (vgl. Brägger et al., 2017, S. 32). In Stresszuständen blockiert das

Stresshormon Kortisol das Abrufen von Wissen aus dem deklarativen Gedächtnis. Dies betrifft sowohl semantisches (verbal kodiertes) Wissen als auch Erfahrungen und Erinnerungen an früher erlebte Ereignisse. Nicht betroffen sind hingegen das Kurzzeitgedächtnis und die Abspeicherung von Wissen im Langzeitgedächtnis, also der eigentliche Lernvorgang. Das Versagen der Gedächtnisfunktion kann verheerende Folgen haben und zu einer Art Teufelskreis führen, indem sich die betroffenen Personen auf Grund des gestörten Erinnerungsvermögen gestresst fühlen. Dies kann zu chronischem Stress und der Angst, dem Leistungsdruck nicht standzuhalten, führen und den Körper veranlassen, zusätzliches Kortisol in den Blutkreislauf auszustoßen (vgl. Rüegg, 2014, S. 2). Bewegungs- und Spielformen sollen dem entgegenwirken und stressfreies Lernen gewährleisten. Durch gemeinsames Spielen mit anderen lernen sie außerdem, rücksichtsvoller miteinander umzugehen. Sie erkennen die unterschiedlichen Stärken und Schwächen der anderen und lernen dadurch, sich gegenseitig zu akzeptieren und wertzuschätzen. Damit sinkt die Wahrscheinlichkeit von Konflikten und aggressivem Verhalten, was sich positiv auf das allgemeine Schulklima auswirkt und zudem Lehrerinnen und Lehrer entlastet (vgl. Brägger et al., 2017, S. 33).

Neben den gesundheitsfördernden Aspekten bietet eine Schule mit mehr Bewegungsraum zudem Vorzüge aus der Perspektive von Unfallverhütung und Sicherheitserziehung. Dies mag zunächst widersprüchlich klingen, da sich ein Großteil der Unfälle in Schulen bei Bewegungsaktivitäten während des Sportunterrichts oder in der Pause ereignet (vgl. Regensburger Projektgruppe, 2001, S. 78). In der Tat ist es jedoch so, dass sich durch angeleitete Bewegungsangebote und die damit verbundene Verbesserung der motorischen Grundeigenschaften Kraft, Ausdauer, Beweglichkeit und Koordination nicht nur die allgemeine Gesundheit von Schülerinnen und Schülern verbessern lässt, sondern zudem das Unfallrisiko herabgesetzt wird (vgl. ebd.). Kinder mit vielfältigen Bewegungserfahrungen verfügen über eine ausreichende Bewegungssicherheit, um sich in unfallträchtigen Alltagssituation souverän und korrekt zu verhalten. Zusätzlich erlernen sie durch partnerschaftliches und soziales Handeln in gemeinsamen Bewegungsaktivitäten das Einhalten von Regeln, die Rücksichtnahme auf andere sowie eine angemessene Einschätzung der eigenen körperlichen Fähigkeiten und Grenzen (vgl. Thiel, Teubert, Kleindienst-Cachay, 2011, S. 35).

5.2.3 Schulprogrammatische Begründung

Ein gut ausgearbeitetes, erprobtes, evaluiertes und allgemein anerkanntes Programm einer bewegten Schule ist für die Umsetzung von entscheidender Bedeutung, denn was im Bildungssystem in den letzten Jahren fehlte, war Konstanz und Verlässlichkeit. Lehrer können sich nicht wirklich auf neue Konzepte einlassen, da sie schon bei der nächsten Landtagswahl schulpolitische Änderungen befürchten müssen. Eltern verlieren bei den ganzen Schulreformen der letzten Jahre den Überblick und es fällt ihnen immer schwerer zu entscheiden, was das Beste für ihr Kind ist (vgl. Bründel, 2014, S. 38). Von der Entwicklung eines solchen Programms werden viele positive Wirkungen erwartet, die sich sowohl innerhalb der Schule als auch außerhalb realisieren lassen. Bezogen auf den Prozess der Planung und Evaluation von Schulen kann es als Orientierungspunkt für alle Beteiligten gelten und bei dem Entwurf von Lehrplänen und Richtlinien helfen. Durch die Teilnahme am Programm sollen Lehrer zu mehr Partizipation und Eigeninitiative angeregt werden und schneller zu einem gemeinsamen Konsens in Unterrichts- und Erziehungsfragen kommen. Darüber hinaus können die Eltern und außerunterrichtliche Partner leichter informiert werden (vgl. Regensburger Projektgruppe, 2001, S. 20).

Die schulprogrammatischen Begründungen ergeben sich aus dem Auftrag an die Schulen, nicht nur ein Ort der Wissensvermittlung, sondern ein Lern- und Lebensraum zu sein. Sie sollen Kinder ganzheitlich auf das Leben vorbereiten, also auch im Hinblick auf Bewegung und körperliche Fitness, womit dem Sport- und Bewegungsverhalten in der Schule eine wichtige Rolle zukommt. Um dieses Ziel zu erreichen, wird jedoch in Kauf genommen, dass die bewegungsarmen Tätigkeiten und Gewohnheiten von Erwachsenen vorweggenommen und zu theoretischem Lernstoff gemacht werden. Dabei geraten die aktuellen und gegenwärtigen Bedürfnisse der Schülerinnen und Schüler zunehmend in den Hintergrund (vgl. ebd., S. 92). Sporttreiben spielt zwar für viele Erwachsene auch im späteren Leben noch eine Rolle, aber bei der Organisation von Sportunterricht und Bewegungsaktivitäten sollte der kindliche Spaß an Bewegung im Vordergrund stehen. Begründet wird dies durch die positiven Effekte, die sich dadurch für die Kinder ergeben, denn „Sport in der Schule ist nicht nur Selbstzweck, sondern immer auch Mittel zum Zweck. Keine andere Sportinszenierung hat einen so ausdrücklichen Erziehungs- und Bildungsauftrag wie der Schulsport. Heranwachsende sollen sowohl zum Sport, als auch durch den Sport erzogen werden." (Scherler zitiert in Erhorn, 2012, S. 9.) Dem Sportunterricht kommt wie den meisten musisch-künstlerischen Nebenfächern aber oftmals nur eine Nebenrolle zu. Das Lernangebot einer Schule sollte jedoch im Interesse der Kinder, aber auch im Interesse der gesamten Gesellschaft alle wesentlichen Entwicklungsbereiche umfassen. Dies bedeutet, dass jedes Kind die Möglichkeit bekommen muss, seine eigenen Stärken zu entdecken und in diesen gefördert zu werden (vgl. Largo, 2010, S. 138).

Untrennbar verknüpft mit der Frage nach einem den Ansprüchen und Bedürfnissen der Bevölkerung entsprechenden Schulprogramm ist die Bedeutung der Schule als kulturelles Phänomen. Einerseits sollen Kinder in der Schule über das eigene Kulturgut unterrichtet werden sowie einen Einblick in fremde Kulturen gewinnen. Andererseits ist die Schule selbst ein Ort, an dem sich Menschen treffen, kooperieren, sich unterhalten und austauschen, also ein Ort an dem kulturelles Leben stattfindet (vgl. Thiel, Teubert, Kleindienst-Cachay, 2011, S. 40). Da sich die Lebensumwelt von Kindern auf Grund zunehmender Technologisierung permanent verändern, aber auch, da die meisten Schulen bewegungseinschränkende Bedingungen vorweisen, geht die vielfältige Bewegungskultur von Kindern langsam verloren. Im Zuge der immer schlechter werdenden gesundheitlichen Verhältnisse ist es unter anderem Aufgabe der Schule als Bildungsinstitution, der Bewegungsarmut und eventuellen Bewegungslosigkeit entgegenzuwirken, indem mögliche Bewegungsformen als Kulturgut an die Schülerinnen und Schüler weitergegeben werden. (vgl. Regensburger Projektgruppe, 2001, S. 93). Hinsichtlich der Gestaltung der Schule als Lebensraum wird daher eine ganzheitliche und bewegte Schulkultur gefordert. Diese darf sich nicht nur als kurzfristige, den aktuellen Anforderungen angepasste Gegenreaktion verstehen, sondern soll Körpererfahrungen und Bewegungserziehung zu durchgängigen Prinzipien der Schulgestaltung im Sinne eines ganzheitlichen Erziehungskonzept machen (vgl. Thiel, Teubert & Kleindienst-Cachay, 2011, S. 40). Das bedeutet, dass sich ein bewegungsförderndes Denken auf alle Bereiche der Schule erstrecken muss, denn „Bewegung als Ausdrucksmöglichkeit bedeutet immer ein Stück weit kulturelle Formung und Gestaltung von Raum und Zeit, die sich dann auf dem Schulhof in Spiel-, und Bewegungsaktivitäten, im Klassenraum in bewegten Lernvorgängen, im Sportunterricht oder AGs als Bewegungskönnen und im Schulleben als bewegungsbezogenes Miteinander zeigt" (Hildebrandt-Stramann & Laging, 2013, S. 57).

6 Strukturmerkmale einer Bewegten Schule

Nach den allgemeinen Begründungsmustern für eine Bewegte Schule werden in diesem Kapitel die einzelnen Merkmale aufgezählt, die eine solche Schule aufzuweisen beziehungsweise zu erfüllen hat. Zunächst wird der in den meisten Schulen gängige Sitzunterricht und Möglichkeiten beleuchtet, diesen fächerübergreifend durch Bewegungsformen und unterschiedliche Arbeitsweisen im Klassenzimmer aufzulockern und weniger belastend für die Schülerinnen und Schüler zu gestalten. Anschließend wird ein Bezug zwischen wechselnden Anspannungs- und Entspannungsphasen beim Lernen und ausreichend Erholungspausen während und zwischen Schulstunden hergestellt. Danach wird untersucht, wie sich Pausen bewegter gestalten lassen und welche Möglichkeiten einer Schule zur Verfügung stehen, der Schülerschaft zusätzliche Bewegungsangebote bereitzustellen. Außerdem wird die zentrale Rolle des Sportunterrichts in einer bewegten Schule und dessen spezielle Aufgabe und Funktion bei der Gestaltung einer bewegten Schulkultur genauer untersucht. Da sich der Auftrag der bewegten Schule zu großen Teilen aus gesundheitlichen Aspekten zusammensetzt, werden weitere Formen der allgemeinen Gesundheitsförderung genannt. Diese dienen dazu, das Bewusstsein der Schülerinnen und Schüler um eine gesunde Lebensweise zu aktivieren und verstehen sich sowohl als Direkthilfemaßnahmen als auch als langandauernde Schulungen. Zuletzt wird darauf eingegangen, wie die Eltern der Schülerinnen und Schüler bei der Gestaltung einer bewegten Schule mithelfen können. Daneben werden außerschulische Kooperationspartner genannt, wie diese den Lern- und Lebensraumschule mitgestalten können und welche Art der Zusammenarbeit sich für die bewegte Schule anbietet. Die aufgeführten Merkmale gehen dabei zum Teil über das Thema *Bewegung* hinaus, lassen sich jedoch stets damit in Verbindung bringen. Dies liegt an den komplexen Zusammenhängen vieler einzelner Elemente, die ganzheitliches und umfangreiches Lernen bestimmen.

6.1 Dynamisches Sitzen und Bewegter Unterricht

Ausgangspunkt der bewegten Schule war es, wie bereits erwähnt, eine Maßnahme gegen das stundenlange Stillsitzen während der Unterrichtszeiten zu finden und den Unterricht bewegter zu machen. Hierfür bieten sich verschiedene Formen des *bewegten Lernens* an. Eine dieser Formen ist das *dynamische Sitzen*, worunter die Unterbrechung des monotonen Stillsitzens durch abwechslungsreiches Verändern der Sitzposition und das Einnehmen verschiedener Arbeitshaltungen verstanden wird (vgl. Thiel, Teubert, Kleindienst-Cachay, 2011, S. 65). Dynamisches Sitzen zur

Prävention von Fehlhaltung und Haltungsschäden gilt als Ausgangspunkt der Idee der bewegten Schule. Anlass für Illi waren die vermehrte Anzahl an Kindern, die über Rückenschmerzen klagten sowie internationale Studien, die von einer enormer Zunahme der Rückenbeschwerden seit Ende des zweiten Weltkriegs zeugten (vgl. Illi & Weckerle, 1993, S. 87). Als Gegenmaßnahme soll eine gesunde, bewusste und aufrechte Sitzhaltung dienen, durch die die Wirbelsäule entlastet und vor Schädigungen bewahrt wird. Diese Haltung ergibt sich aus der Auseinandersetzung mit der Schwerkraft und ist abhängig vom jeweiligen psychischen Zustand, von den körperlichen Eigenschaften sowie dem bewussten Willen, Fehlhaltungen zu vermeiden. Grundvoraussetzungen, um dieses Bewusstsein zu schaffen, sind also ein gewisses gesundheitliches Basiswissen sowie eine insgesamt funktionierende und leistungsstarke Muskulatur (vgl. ebd., S. 96). Für die Lehrer ist es unerlässlich, sich mit dem Thema *Sitzen* näher befassen, um den Kindern Möglichkeiten zur Entspannung zu bieten, präventive Maßnahmen gegen Sitzschäden vorzunehmen und damit zusätzlich die Konzentrationsfähigkeit positiv zu beeinflussen. Die Tische und Stühle der Schülerinnen und Schüler sollen mindestens zwei mal im Schuljahr an deren individuelle Körpergröße angepasst werden. Zusätzlich können Hilfsmittel, die Bewegung während des Sitzens erlauben, so wie Sitzkissen oder Sitzbälle, dabei helfen, den Arbeitsbereich ergonomischer zu gestalten (vgl. Regensburger Projektgruppe, 2001, S. 96). Lehrer selbst müssen als Vorbild vorangehen und eine richtige Sitzposition vermitteln. Jedoch sollen sie keine zu strengen Vorgaben machen, sondern stattdessen den Schülerinnen und Schülern erlauben, selbst herauszufinden, wie sie am besten sitzen. Dazu sollte ihr Fokus auf die Wahrnehmung ihrer Sitzhaltung gelenkt werden, sodass sie erkennen, das nur ein ständiger Wechsel der Sitzposition hilft, die Wirbelsäule zu entlasten und die Belastungen auf den Körper so gering wie möglich zu halten (vgl. ebd., S. 97).

Bei der Integration von mehr Bewegung in den Klassenraum bieten sich zwei verschiedene Vorgehensweisen an. Bei der ersten Variante, dem Lernen durch Bewegung, wird Bewegung und körperliche Erfahrungen als zusätzlicher Informationszugang genutzt. Da Lernen nicht nur über die Augen und Ohren geschieht, sondern Informationen auch über Körper- und Raumwahrnehmung aufgenommen werden, empfiehlt es sich, im Unterricht mit körper- und raumorientierten Anschauungsmitteln zu arbeiten. Für die Schülerinnen und Schüler kann es einfacher sein, einen Gegenstand zu greifen und konkret zu handeln als abstrakt nachzudenken. Die körperlich-räumlichen Erfahrungen erleichtern das Verstehen und Behalten und fördern zudem die Weiterverarbeitung von Informationen im Gehirn. Außerdem kann der Lehrer ihr Vorgehen dabei beobachten und so Rückschlüsse auf Problemlösekompetenzen und den Umgang mit etwas Neuem gewinnen (vgl. Brägger et al., 2017, S. 126). Daneben können bestimmte Bewegungsformen und -aufgaben benutzt werden, um den gewöhnlichen Sitzunterricht aufzulockern. Dies erfordert offene Unterrichtsformen, in denen die Schülerinnen und Schüler zunehmend mehr Verantwortung für ihre eigenen Lernprozesse übernehmen und lernen, diese persönlich und effektiv zu steuern. Die Bewegung dient dabei nicht direkt dem Erkenntnisgewinn, sondern soll vielmehr die Konzentration und Motivation fördern (vgl. Thiel, Teubert, Kleindienst-Cachay, 2011, S. 61). Zu den Formen des Unterrichts, die Kindern dies ermöglichen sollen, zählen unter anderem Stationenlernen, Werkstattunterricht, Planarbeit, Projektarbeit und Freiarbeit. Sie alle erlauben es, im eigenen Rhythmus zu lernen und Lernorte und Lernmaterialien größtenteils selbst auszuwählen (vgl. Brägger et al., 2017, S. 131). Allerdings erfordern auch diese offenen Lernformen eine Strukturierung des Klassenraums zu einer gestalteten Lernumgebung, die die verschiedenen Sinne der Schülerinnen und Schüler anspricht und Bewegung fördert. Zusätzliche bequeme Sitzmöbel, eine Arbeitsecke mit verschiedenen Werkzeugen, ein für alle zugänglicher Computer, höhenverstellbare Tafeln und Möbel, die sich flexibel anordnen lassen und sich dadurch bestens für Gruppenarbeiten eignen, erweisen sich als hilfreich (vgl. ebd., S. 176).

Bewegter Unterricht muss aber nicht nur auf die einzelne Stunde beschränkt sein, sondern kann sich nach Möglichkeit in allen Fächern und in der gesamten Schule umsetzen lassen und zu Veränderung im Schulalltag führen. Mit fächerübergreifenden Projekten und Freiarbeit sollen Inhalte aus verschiedenen Perspektiven betrachtet und so im Sinne ganzheitlichen Lernens ein besseres Verständnis für einzelne Sachverhalte entwickelt werden (vgl. Regensburger Projektgruppe, 2001, S. 101).

6.2 Bewegungspausen und Entspannung

Immer mehr Kinder leiden unter dem andauernden Leistungs- und Notendruck und sind in der Schule gestresst. Dies kann auf lange Sicht zu Müdigkeit, Unkonzentriertheit, dem Verlust kognitiver Leistungsfähigkeit sowie Problemen bei der Verdauung und einem geschwächten Immunsystem führen (vgl. Spitzer, 2007, S. 170). Kinder und Jugendliche sind selten in der Lage, 45 Minuten lang stillzusitzen und den Ausführungen des Lehrers durchgehend mit der selben Aufmerksamkeit zu folgen. Sie zeigen oftmals durch Lustlosigkeit, Unruhe und Unterrichtsstörungen, dass eine Unterbrechung erforderlich ist (vgl. Thiel, Teubert & Kleindienst-

Cachay, 2011, S. 64) Neben auflockernden Unterrichtsformen und dynamischem Sitzen stellen explizite Entspannungsphasen im Unterricht einen wichtigen Aspekt des Stressmanagements in der bewegten Schule dar. Es ist zu beachten, dass stille Entspannungsformen mit konzentrativen und meditativen Anteilen wie zum Beispiel Traum- oder Körperreisen eine gewisse Fähigkeit zur Selbstwahrnehmung voraussetzen, sich allerdings wechselseitig auch fördernd auf diese auswirken. Vor allem das Verfahren der progressiven Muskelentspannung und verschiedene Yoga-Formen bieten sich daher an, da hierbei in der Regel wenig Bewegung stattfindet und die Schülerinnen und Schüler ausdrücklich vorgegeben bekommen, auf ihre Körperwahrnehmung zu achten (vgl. ebd., S. 68).

Bei Bewegungspausen handelt es sich wie auch bei anderen Entspannungsmethoden um ein Element der bewegten Schule, dass keinen direkten fachlichen Zusammenhang aufweist, sondern aus funktionalen Gründen in den Unterricht eingebaut wird. Diese Unterbrechungen können, genau wie die kurzen Pausen zwischen zwei Einzelstunden, für eine Bewegungsaktivität genutzt werden. Eine solche Pause muss nicht länger als zehn Minuten dauern, aber es empfiehlt sich, dass Klassenzimmer zu verlassen, um den Schülerinnen und Schülern auch räumlich eine Abwechslung zu bieten. Es können verschiedene Orte im Schulgebäude oder aber der Pausenhof dazu genutzt und die verschiedensten Geräte und Materialien miteinbezogen werden (vgl. ebd., S. 65). Damit möglichst alle Schülerinnen und Schüler von einer Bewegungspause profitieren können, sollten vielfältige Bewegungsvariationen eingesetzt werden, die die Bewegungserfahrung und Sinneswahrnehmung fördern. Damit sich nicht doch negative Folgen für Aufnahmefähigkeit der Kinder und den weiteren Unterricht ergeben, darf die Belastungsintensität nicht zu hoch sein. Zum Ende einer Bewegungspause hin sollten ruhige Aktionen vorkommen, um für Ruhe zu sorgen und den erneuten Wechsel von körperlicher hin zu kognitiver Aktivität einzuleiten (vgl. Brägger et al., 2017, S. 138). Gelingt dies, sind die kurzen Unterbrechungen des Unterrichts keine verlorene Zeit, sondern erleichtern vielmehr den nachfolgenden Unterricht, da die Schülerinnen und Schüler besser gelaunt, aufnahmefähiger und lernbereiter sind (vgl. ebd., S. 137). Bei der Einführung von Bewegungspausen bietet es sich an, dass der Lehrer die Bewegungsabläufe vorgibt und selbst aktiv daran teilnimmt. Schließlich gilt auch für sie ein wenig Bewegung als willkommene Abwechslung vom Unterrichten an der Tafel oder vom Pult aus. Langfristig sollen die Schülerinnen und Schüler aber den selbstständigen Umgang mit der Bewegungspause erlernen und diese eigenständig gestalten können, um ihr individuelles Bedürfnis nach Bewegung mit gemeinsamen motorischen

Aktivitäten zu stillen (vgl. Regensburger Projektgruppe, 2001, S. 98). Wichtig ist, den Schülerinnen und Schülern die Bedeutung der eingeführten Entspannungsmethoden und Bewegungspausen auch über den Unterricht hinaus bewusst zu machen. Sie sollen erkennen, dass diese nicht nur körperlicher Beeinträchtigung vorbeugen und Stresssymptome mildern, sondern die Konzentrationsfähigkeit verbessern und die Lernmotivation erhöhen (vgl. Brägger et al., 2017, S. 141).

6.3 Bewegter Schultag und Bewegte Pause

Das bewegungsfördernde Angebot der Schule darf nicht nur auf den Unterricht beschränkt sein, sondern muss sich auf die Rhythmisierung des ganzen Schultags sowie die Gestaltung des gesamten Schulgeländes zu einem bewegungsfreundlichen Lern- und Lebensraum ausweiten (vgl. Thiel, Teubert, Kleindienst-Cachay, 2011, S. 53). Dass der klassische Schultag, der im 45-Minuten-Unterrichtstakt strukturiert ist, nicht optimal den Bedürfnissen der Schülerinnen und Schüler nach einem Wechsel von kognitiver Belastung und körperlicher Aktivität entspricht, scheint die wenigsten zu stören. Dabei ließe sich durch eine sinnvolle Rhythmisierung des Schultags das Lernen effektiver gestalten und das allgemeine Stundenpensum verringern, womit zusätzlicher Raum für etwa Bewegungsaktivitäten entstünde (vgl. Largo, 2010, S. 134). Mögliche Änderungen des bewährten Schemas könnten durch einen gleitenden Unterrichtsbeginn mit eigenständigen Lernphasen, sowie damit verbunden einer ersten Stunde Sport und Bewegung am Morgen erreicht werden. Die Zeit, die einzelnen Unterrichtsfächern durch regelmäßige Bewegungspausen während des Unterrichts entfällt, könnte durch größere Unterrichtsblöcke aufgefangen werden. Doppelstunden bieten den Schülerinnen und Schülern zudem mehr Zeit, sich intensiv mit einem Lerninhalt auseinanderzusetzen und ihr eigenes Lerntempo zu wählen (vgl. Brägger et al., 2017, S. 203).

Insgesamt bietet sich eine flexiblere Strukturierung des Schultags an, um den individuellen und von Tag zu Tag schwankenden Bedürfnissen gerecht zu werden.

Einen wichtigen Schritt auf dem Weg zu einer bewegten Schule stellt die bewegungsanregende Gestaltung der schulischen Einrichtung dar. Die Struktur und Ausstattung von Klassenzimmern ist meist ganz traditionell darauf ausgerichtet, dass Schülerinnen und Schüler an ihrem Platz sitzen, von dort den Ausführungen der Lehrkraft zuhören oder zuschauen und möglichst unbewegt lernen und arbeiten. Die Architektur der Schule muss jedoch sowohl im Inneren des Schulgebäudes als auch in der Gestaltung des Pausengeländes dem ausgeprägten Bewegungsbedürfnis von Kindern und Jugendlichen gerecht werden (Brägger et al., 2017, S. 153).

Außerhalb des Unterrichts können Schulen vor allem durch die Gestaltung des Pausenhofs, aber auch der Flure und Aufenthaltsräume innerhalb des Schulgebäudes, vielfältige Bewegungsmöglichkeiten bieten. Diese können durch aufgemalte Spielfelder, Tischtennisplatten, Fußballtore, Basketballkörbe und Klettergerüste aufgewertet werden. Allerdings darf es in den Pausen nicht um eine weitere Form der Sportvermittlung durch eine Lehrkraft gehen, sondern die Selbstorganisation der Schülerinnen und Schüler muss gewahrt sein (vgl. Regensburger Projektgruppe, 2001, S. 99) Bei der Schulgeländegestaltung sind die unterschiedlichen Altersstufen und Interessen von Schülerinnen und Schülern zu berücksichtigen. Ebenso, dass manche Kinder es vorziehen, die Pausen in Ruhe und für sich zu verbringen, sodass für sie genügend Rückzugsräume vorhanden sein müssen (vgl. ebd.). Zusätzlich soll in der Pause ein großer Pool an Geräten und Materialien zur Verfügung gestellt werden, mit denen sie spielen können und die ihr Bewegungsverhalten fördern. Dabei müssen nicht zwingend teure Sportgeräte angeschafft werden, zweckentfremdete Gebrauchsgegenstände und Alltagsmaterialien eignen sich mindestens genau so gut. Auf Grund ihrer natürlichen Neugierde lassen sich die Kinder von diesen schnell zum Ausprobieren neuer Bewegungs- und Spielformen motivieren. Durch den spielerischen Umgang mit solchen Geräten lernen sie die Materialeigenschaften kennen und ihre Fantasie wird beim Entwickeln neuer Spielideen angesprochen (vgl. Zimmer, 2014, S. 220). Darüber hinaus bietet es sich an, auch mal das Schulgelände zu verlassen und mit den Schülerinnen und Schülern Zeit in der Natur zu verbringen. Kinder halten sich heutzutage auf Grund der veränderten Lebensbedingungen immer mehr innerhalb von Räumlichkeiten auf. Vor allem in Großstädten haben viele überhaupt nicht die Möglichkeit, eine natürliche Umgebung wie den Wald zu erkunden. Dadurch geht nicht nur das Umweltbewusstsein zunehmend verloren, sondern auch die situativen Bewegungsanlässe in der Natur, in denen Kinder ihr Bewegungsrepertoire erproben und erweitern können (vgl. ebd., S. 226).

6.4 Bedeutung des Sportunterrichts

Dem Sportunterricht kommen in der Regel zwei Funktionen zu: Einerseits soll er den größtenteils kopflastig ablaufenden Schulalltag „um die körperliche und motorische Dimension erweitern" und den Schülerinnen und Schülern die motorischen Grundlagen vermitteln, ihr Körperbewusstsein verbessern, ihnen die Bedeutung von Bewegung für ihre Gesundheit näherbringen und sie an der aktuellen Bewegungs- und Sportkultur teilhaben lassen. Andererseits kommt dem Sportunterrichts eine tragende Rolle bei der Gestaltung der Schule als bewegungsfreundlichem und gesundheitsförderndem Lern- und Lebensraum und damit der Entwicklung eines Schulprofils zu (vgl. Brägger et al., 2017, S. 143). Dennoch kommt es immer wieder zu Kürzungen des in den Lehrplänen ohnehin schon knapp bemessenen, vorgesehenen wöchentlichen Umfangs von Sportstunden sowie zu häufigen Unterrichtsausfällen. Diese haben häufig personelle Ursachen, da an vielen Schulen ein Mangel an ausgebildeten Sportlehrkräften besteht, oder aber organisatorische Gründe, wie zum Beispiel mehrstündige Klassenarbeiten in anderen Fächern (vgl. ebd., S. 213). Ein Problem des Schulsports ist es, dass das Fach wie auch andere ästhetische Fächer wie Musik oder Bildende Kunst mit seinem Bezugsfeld dem Freizeitbereich zugeordnet wird. Seine Hauptfunktion ist nicht unmittelbar das Vermitteln berufsrelevanter Fähigkeiten, sondern die Aufgaben des Schulsports sind vorrangig das Verbessern oder zumindest Erhalten der körperlichen Leistungsfähigkeit und Gesundheit. Damit ergeben sich zwar positive Wirkungen für die individuellen Bedürfnisse von Schülerinnen und Schülern, aber sie erwerben im schulischen Sinne keine Qualifizierung und ausreichende Vorbereitung auf Berufe und Berufslaufbahn, worunter die Legitimation des Faches leidet (vgl. Erhorn 2012, S. 24).

Eine Herausforderung für die Planung und Organisation des Schulsport ist das gestörte Verhältnis zwischen den Inhalten des Faches Sport in der Schule und den außerschulischen Praxen von Kindern und Jugendlichen. Kinder, die in ihrer Freizeit selbstbestimmt und selbstständig einer Bewegungsaktivität nachgehen, sind mit entsprechend viel Eifer bei der Sache und lernen voneinander. Völlig anders verhält es sich im schulischen Kontext im Unterrichtsfach Sport. Dort werden die Schülerinnen und Schüler fremdbestimmt und ihrem Alter und Geschlecht entsprechend in Gruppen unterteilt zu Bewegungsaktivitäten angeleitet, die sich komplett von ihren außerschulischen Praxen unterscheiden. Es fehlt ihnen der Bezug zur realen Welt und damit der Antrieb, aktiv etwas dazulernen zu wollen. Zudem sind die motorischen Anforderungen im Schulsport oft sehr niedrig und setzen lediglich ein gewisses Übungsbemühen voraus (vgl. ebd., S. 8). Gerade aus diesem Grund ist es von großer Bedeutung, die Schülerinnen und Schüler bei der Gestaltung des Sportunterrichts selbst mitwirken zu lassen und sie bei der Wahl der Inhalte sowie der genutzten Bewegungsräume im Schulgebiet zu beteiligen. Auf Grund des oftmals straffen Lernplans und der geringen Stundenanzahl bieten sich hierzu projektorientierte Arbeitsformen und Freiarbeit abseits der regulären Unterrichtszeit an (vgl. Regensburger Projektgruppe, 2001, S. 104).

Betrachtet man die Anforderungen, die im Rahmen einer bewegten Schule an den Sportunterricht gestellt werden, stellt man fest, dass diese über die Inhalte des traditionellen Schulsports hinausgehen. Auch hier ist der Sportunterricht der fachliche Ort, an dem verschiedene Sportarten und Bewegungsaktivitäten gelernt und geübt werden. In den anderen Unterrichtsfächern, den Pausen, in Arbeitsgemeinschaften und durch die zusätzlichen Angebote der Schule soll der Sportunterricht ergänzt werden durch eine umfassende und ganzheitliche Bewegungserziehung (vgl. Hildebrandt-Stramann & Laging, 2013, S. 56). Das Fach Sport kann dabei als Ausgangspunkt für lernbereichübergreifendes Arbeiten genutzt werden, wodurch den Sportlehrkräften bei der Umsetzung einer bewegten Schule eine entscheidende Bedeutung zukommt. Sie können ihre Fachkompetenz und praktischen Erfahrungen bei Lehrer-, Fachkonferenzen oder Weiterbildungen einbringen und sich an der Konzeptentwicklung für bewegungsfreundlichere Klassenzimmer und Außenräume der Schule beteiligen. In Zusammenarbeit mit den anderen Fachlehrern können Projekte durchgeführt werden, die Anregungen zu mehr Bewegung in die einzelnen Fächer bringen. Außerdem können im Sportunterricht zusammen mit den Schülerinnen und Schülern Spiele und Bewegungsformen für die Pausengestaltung entwickelt werden (vgl. ebd., S. 70).

6.5 Zusätzliche Gesundheitsförderung

Aus gesundheitspädagogischer Sicht ist es Aufgabe der Schule, durch eine vermehrte Einbindung von Bewegungsformen dem gesellschaftlichen Bewegungsmangel und den daraus resultierenden Problemen entgegenzuwirken. Allerdings reicht eine gesteigerte körperliche Aktivität während der Schulzeit nicht aus, um zu einem lebenslangen gesundheitsfördernden Verhalten zu erziehen. Darüber hinaus sollten die Schülerinnen und Schüler gesundheitsorientierte Einstellungen und Handlungsweisen entwickeln, die zu einer gesunden Lebensweise führen (vgl. Regensburger Projektgruppe, 2001, S. 75). Ein Thema, das sich dafür anbietet, stellt die Ernährungslehre dar.

Obwohl unser psychisches und physisches Wohlbefinden stark von unserer Ernährung abhängt, findet dieses Thema in den meisten Schulen noch immer nicht den Weg in den Lehrplan. Da ein Hauptanliegen der bewegten Schule die Gesundheitsförderung ist, stellt die Auseinandersetzung mit unseren Essgewohnheiten und den Nahrungsmitteln, die wir konsumieren, einen weiteren wichtigen Aufgabenbereich dar. In einigen Ganztagsschulen ist das gemeinsame Mittagessen ein tägliches Ritual, das nicht nur der Strukturierung des Schultags gilt, sondern auch das Essen selbst in den Mittelpunkt stellt (vgl. Bründel, 2014, S. 104). Zum einen können die gemeinsamen Mahlzeiten als tägliche Rituale eingeführt werden und so eine entspannte Auszeit vom Unterricht darstellen. Die Lehrkräfte können diese jedoch auch nutzen, um den Fokus aktiv auf die verschiedenen Sinne und die Wahrnehmung des Essen zu legen. Die Schülerinnen und Schüler sollen bewusst darauf achten, wie das Essen riecht, wie es schmeckt, wie es aussieht und sich komplett auf das aktuelle Geschehen konzentrieren (vgl. Kersting, 2007, S. 27). Dadurch sollen sie ein Gefühl dafür entwickeln, nur zu essen, wenn sie wirklich hungrig sind, anstelle Essen einfach nebenbei herunter zu schlingen während der Fernseher läuft oder ununterbrochen auf das Smartphone geschaut wird. Da gemeinsames Essen mit der Familie nur noch selten stattfindet und die Essgewohnheiten vieler Kinder hauptsächlich durch Werbung bestimmt werden, kommt der Schule die Aufgabe zu, sie mit richtigen Informationen zu versorgen und mit konkreten Maßnahmen voranzuschreiten (vgl. ebd., S. 29). Eine dieser möglichen Maßnahmen stellt die Umstellung auf, sowie die theoretische Behandlung einer vegetarischen Lebensweise dar. Aus gesundheitlicher Perspektive lassen sich heute immer mehr Vorzüge einer vegetarischen Ernährung erkennen, was für eine zunehmende Zahl von Menschen ein Grund ist, den Fleischkonsum zumindest zu reduzieren oder komplett einzustellen. Auf Grund des geringeren Fettgehaltes pflanzlicher Nahrungsmittel, verbunden mit einer oftmals höheren Energiedichte, lassen sich bei Vegetariern deutlich geringere Blutfettwerte feststellen. Weniger Übergewicht bedeutet auch ein deutlich geringeres Risiko, an Herz-Kreislauf-Erkrankungen oder Folgeerscheinungen wie Diabetes zu erkranken (vgl. Großhauser, 2016, S. 21). Der vermehrte Konsum pflanzlicher Lebensmittel bedeutet außerdem eine erhöhte Zufuhr sekundärer Pflanzenstoffe, die gesundheitsfördernde, blutdrucksenkende und antibakterielle Wirkungen haben können, sowie das Immunsystem stärken und entgegen der früher verbreiteten Meinung, Vegetarier litten grundsätzlich an einer unzureichenden Versorgung mit Nährstoffen, Vitaminen und/oder Mineralstoffen, zeigen sich heute immer mehr Vorteile, die mit einer vegetarischen Ernährung einhergehen (vgl. ebd., S. 22). Darüber hinaus bietet eine Thematisierung des Vegetarismus und unserer Essgewohnheiten einen Einblick in die Folgen der Globalisierung und industriellen Nahrungsherstellung und kann genutzt werden, um ökologische und moralische Argumente zu vermitteln und verknüpfen. Zwar wird das Thema in manchen Schulen zumindest kurz im Unterricht erwähnt, aber wenn die Schulen es nicht selbst vorleben und nach wie vor Billigfleisch in den Kantinen verkauft wird, kann keine Verhaltensänderung der Schülerinnen und Schüler in dieser Richtung erwartet werden. Die grausamen Bedingungen der Massentierhaltung werden einer immer breiteren Öffentlichkeit bewusst und immer mehr Menschen entscheiden sich dazu, das systematische Tiertöten nicht weiterhin zu ignorieren und zu fördern. (vgl. Leitzmann & Keller, 2010, S. 23). Die modernen Essgewohnheiten und insbesondere der rasant ansteigende Bedarf an Fleisch in den letzten Jahrzehnten hat jedoch nicht nur katastrophale Folgen für die betroffenen Tiere, sondern auch auf die Umwelt. Immer mehr Waldflächen müssen gerodet werden, um für den Anbau von Tierfutter landwirtschaftlich nutzbar zu sein. Auch das benötigte Wasser und die Menge an Energie übersteigen die Werte, die für den Anbau pflanzlicher Lebensmittel erforderlich ist, um ein Vielfaches (vgl. ebd., S. 330). Die Einführung und Thematisierung einer vegetarischen oder veganen Ernährung bietet somit also sowohl den Kindern und Jugendlichen gesundheitliche Vorteile, als auch den Schulen neue und interessante, da lebensnahe Ansatzpunkte, um das Bewusstsein ihrer Schülerinnen und Schüler um Gesundheit und moralische Werte zu aktivieren und sie auf das Leben in einer funktionierenden und zukunftsfähigen Gemeinschaft vorzubereiten.

6.6 Arbeit mit Kooperationspartnern

Zwar verlagert sich die Zuständigkeit für die Erziehung von Kindern immer mehr auf die Schulen, wichtigste Kooperationspartner der Schulen sind jedoch nach wie vor die Eltern. Viele Eltern sind sich bewusst, dass die Lernerfahrungen, die sie ihren Kindern bieten, Einfluss auf deren gesamtes Leben haben (vgl. Bründel, 2014, S. 133). Doch für die meisten Eltern spielen Bewegung, Spiel und Sport in den Lebensläufen ihrer Kinder verglichen mit anderen Schulfächern eine sehr untergeordnete Rolle. Viele Erwachsene treiben Sport aus kompensatorischen, sozialen oder ästhetischen Gründen, wissen aber nur wenig über den Zusammenhang zwischen motorischer Aktivität und Lernen. Gerade deshalb ist es unerlässlich, Eltern die Bedeutung von Bewegung für die Entwicklung ihrer Kinder bewusst zu machen und sie an der Gestaltung eines bewegten Lern- und Lebensraums für ihre Kinder zu beteiligen (vgl. Thiel, Teubert, Kleindienst-Cachay, 2011, S. 52). Als ersten Schritt bieten sich Informationsveranstaltungen wie Sportelternabende an, die nicht wie gewöhnlich im Klassenraum, sondern in einer Turnhalle stattfinden können und aktives Sporttreiben beinhalten. Einerseits können dort die Bedeutung von Bewegung, Spiel und Wahrnehmung im schulischen Kontext erklärt, Fragen zum Schulsport beantwortet und die Ziele, Inhalte und Methoden des Konzepts *Bewegte Schule* vorgestellt werden. Andererseits bieten sich solche Veranstaltungen dazu an, den Eltern direkt praktische Maßnahmen zur Einbindung von mehr Bewegung in den Alltag ihrer Kinder zu vermitteln (vgl. Brägger et al., 2017, S. 215). Eltern werden oftmals für ihr mangelndes Interesse an der schulischen Erziehung ihrer Kinder kritisiert, doch dieses Problem geht von beiden Seiten aus. Fühlen sich Eltern von Lehrern respektiert und werden sie aktiv in die Gestaltung der Rahmenpläne und Lernumgebung mit eingebunden, so zeigen sie sich wesentlich kooperativer und unterstützen ihre Kinder stärker. Daneben spielt die Beteiligung der Eltern auch direkt eine Rolle für die Lernmotivation der Kinder und trägt dazu bei, dass diese sich in der Schule wohler fühlen. Wenn eine vertrauensvolle Beziehung zwischen ihren Eltern und Lehrern besteht, können Kinder ein besseres Verhältnis zu letzteren aufbauen (vgl. Largo, 2010, S. 131).

Neben den Eltern bieten sich der Schule verschiedene externe Kooperationspartner. Die Zusammenarbeit von Schule und Sportvereinen hat eine lange Tradition und ist für beide Seiten von Vorteil. Sie entsteht aus dem Auftrag des Schulsports, Bezüge zur realen Bewegungs-, Spiel- und Sportkultur der Gesellschaft herzustellen und die Schülerinnen und Schüler so auf ein lebenslanges Sporttreiben vorzubereiten (vgl. Brägger et al., 2017, S. 216). Ob Kinder und Jugendliche in Vereinen aktiv sind und dort ausreichend zu Bewegung kommen, ihre körperlichen Grenzen erfahren und Erfahrungen machen, sowie Erfolgserlebnisse sammeln können, hängt häufig vom sozialen Hintergrund der Familie ab. Bei Kindern aus der sozialen Oberschicht ist eine Mitgliedschaft in einem Sportverein fast die Norm, während Kindern aus sozial schwächeren Verhältnissen diese Erfahrung oft vorenthalten bleibt (vgl. Bründel, 2014, S. 57). Somit stellt die Schule oftmals die einzige Möglichkeit dar, Kinder zu mehr Bewegung und Sporttreiben anzuregen. Das Angebot sollte daher möglichst breitgefächert ausfallen und die individuell und je nach Altersstufe unterschiedlichen Bedürfnisse und Interessen berücksichtigen. Während die Inhalte des Sportunterrichts vorgegeben sind und sich die Schulen schwer damit tun, diese flexibler umzusetzen, haben sie durch Kooperationen mit Sportvereinen die Chance, ein vielfältiges und abwechslungsreiches Repertoire an Bewegungsmöglichkeiten im außerunterrichtlichen Schulsport zu integrieren. Vor allem Trendsportarten wie Klettern oder Slacklining eignen sich hierfür, da sie die Schülerinnen und Schüler mit herausfordernden Bewegungssituationen konfrontieren und ihnen wahrnehmungsbezogene und erlebnisorientierte Bewegungsmöglichkeiten bieten (vgl. Regensburger Projektgruppe, 2001, S. 105). Die Form der Zusammenarbeit ist dabei nicht auf die vor allem aus Ganztagsschulen bekannten AGs, die oft unterrichtsähnlich ablaufen und sich als ergänzende und fördernde Maßnahme verstehen, beschränkt. Schülerinnen und Schüler können zum Beispiel durch Vereinspraktika die außerschulischen Bewegungspraxen kennenlernen und so ihr eigenes Bewegungsrepertoire erweitern (vgl. Erhorn, 2012, S. 8). Darüber hinaus können Vereine an der Organisation und Durchführung von Sportfesten oder Projekten mit bewegungsspezifischen Schwerpunkten beteiligt sein. Diese können einerseits im Sinne von Wettkämpfen leistungsorientiert organisiert sein, sodass sich Schülerinnen und Schüler sowohl schulintern als auch mit anderen Schulen messen können. Solche Projekte wie zum Beispiel „Jugend trainiert für Olympia" werden schon seit einiger Zeit erfolgreich organisiert. Daneben müssen aber auch Spiel- und Sportfeste veranstaltet werden, bei denen der Spaß an Sport und Bewegung im Fokus steht (vgl. ebd.). Viele Schulen sind dabei allein schon aus Platz- und finanziellen Gründen auf Sportvereine und deren Sportstätten angewiesen und auch bei der Gestaltung und Ausstattung von Räumen und Flächen im und um das Schulgebäude können Vereine mitwirken (vgl. Brägger et al., 2017, S. 217).

Hierzu bietet sich zudem eine weitere Art der Kooperation an: Schülerinnen und Schüler können bei der Planung und Gestaltung ihrer Bewegungsräume aktiv mitwirken, indem sie mit regionalen Gewerben wie Schreinereien oder Metallbauern zusammenarbeiten. So bekommen sie einen Einblick in den Beruf, erlernen handwerkliche Fähigkeiten, die auf einer gut koordinierten Feinmotorik beruhen und bekommen die Möglichkeit, selbst etwas zu gestalten und aktiv an der Entwicklung ihres Lern- und Lebensraums mitzuwirken (vgl. ebd., S. 172). Auch für die Unternehmen haben Kooperationen mit der Schule Vorteile, schließlich können sie sich selbst präsentieren und potentielle neue Auszubildende anwerben.

Ein weiterer wichtiger Kooperationspartner im Bezug auf Gesundheitsförderung sind Krankenkassen. Es finden sich immer mehr Projekte, an denen Mitarbeiter, meist an einzelnen Projekttagen in den Schulen, über Themen wie Gesundheit, Ernährung, Bewegung und Unfall-, beziehungsweise Suchtprävention informieren. Die Inhalte der einzelnen Projekte variieren dabei von reinen Vorträgen und gemeinsamem Kochen bis hin zu sportlichen Wettkämpfen. Von manchen Krankenkassen werden zusätzlich Fortbildungskurse für Lehrkräfte angeboten, um deren eigene Wahrnehmung im Bezug auf Bewegung und körperliches Wohlbefinden zu schulen und sie selbst widerstandsfähiger gegen Stress und Krankheiten zu machen, damit sie den vielfältigen Anforderungen in der Schule nachkommen können (vgl. URL 2). Damit leisten die Krankenkassen einen wichtigen Beitrag, nicht nur zur Verbesserung des Lebensraums Schule und der aktuellen Lernsituation der Schülerinnen und Schüler, sondern auch für den Erhalt der Gesundheit und körperlichen Fitness über die Schulzeit hinaus.

7 Fazit

Der enge Zusammenhang zwischen Lernen und motorischer Aktivität verdeutlicht die Bedeutung von Bewegung für die kindliche Entwicklung. Kinder lernen nichts, wenn sie still dasitzen, den Worten eines Erziehers folgen und Fakten wiederholen, sie brauchen die Möglichkeit, selbst Erfahrungen zu sammeln. Neues und Unbekanntes erschließen sie sich durch anfassen, ausprobieren und spielen. Ihr natürlicher Bewegungsdrang ist kein Hindernis beim Lernen, sondern eine Triebfeder und darf nicht unterdrückt, sondern muss gefördert werden. Durch körperliche Aktivität steigern sie ihre Wahrnehmung, gewinnen ein Gefühl für den eigenen Körper und entwickeln basierend darauf eine eigene Identität. Im Spiel mit anderen lernen sie, ihre eigenen sowie die Schwächen und Stärken anderer zu akzeptieren und können neue soziale Verhaltensmuster erproben. Zu dieser Erkenntnis gelangten Pädagogen bereits vor über 200 Jahren, das Prinzip der Bewegungserziehung und Erziehung durch Bewegung ließ sich bisher jedoch nicht als elementarer Bestandteil von Schule etablieren. Darüber hinaus ist ausreichend Bewegung eine Grundvoraussetzung für physische und psychische Gesundheit. Als Kompensation zu Zivilisationskrankheiten müssen Kinder daher sowohl theoretisch über die Bedeutung von Bewegung lernen als auch in praktischen Methoden unterwiesen werden. Dies führt zu einer gesunden Lebenseinstellung, die für sie auch im späteren Leben von Vorteil ist und die sie an ihre eigenen Kinder weitergeben können.

In unseren Schulen darf nicht länger aus Angst vor Veränderungen oder Sturheit an längst überholten Lernmethoden und Strukturen festgehalten werden. Die sich verändernden gesellschaftlichen Umstände und Umweltbedingungen erfordern flexible Schulen, die sich nach den Bedürfnissen der Kinder richten. Die bewegte Schule kann meiner Meinung nach einen wichtigen Beitrag zur ganzheitlichen Bildung und der Förderung von Lernprozessen bei Kindern sowie der allgemeinen Gesundheit der Bevölkerung beitragen.

Literaturverzeichnis

Adl-Amini, B. (2001). Pestalozzis Welt. Eine Einladung zur Erziehung. Weinheim u.a.: Juventa

Brägger, G., Hundeloh, H., Posse, N. & Städtler, H. (2017). Bewegung und Lernen. Konzept und Praxis Bewegter Schulen. Basel, Weinheim: Beltz

Bründel, H. (2014). Schülersein heute. Herausforderungen für Lehrer und Eltern. Stuttgart: Kohlhammer

Erhorn, J. (2012). Dem "Bewegungsmangel" auf der Spur. Zu den schulischen und außerschulischen Bewegungspraxen von Grundschulkindern; eine pädagogische Ethnographie. Bielefeld: Transcript

Edelmann, W. & Wittmann, S. (2012). Lernpsychologie. Weinheim u.a.: Beltz

Großhauser, M. (2016). Ernährung im Sport für Vegetarier und Veganer (2. Auflage). Aachen: Meyer & Meyer

Hannover, B. & Zander, L. (2016). Die Bedeutung der Peers für die individuelle schulische Entwicklung. In Möller, J., Köller, M. & Riecke-Baulecke, T. (Hrsg.), Basiswissen Lehrerbildung: Schule und Unterricht Lehren und Lernen. (S. 91-105). Seelze: Kallmeyer in Verbindung mit Klett

Hildebrandt-Stramann, R. & Laging, R. (2013). Bewegte Schule. Bewegungsaktivierung im Kontext von Schulkultur. In Hildebrandt-Stramann, R., Laging, R. & Moegling, R. (Hrsg.), Körper, Bewegung und Schule. Teil 1: Theorie, Forschung und Diskussion. (S. 54-75). Immenhausen bei Kassel: Prolog

Hußmann, S. (2002). Konstruktivistisches Lernen an intentionalen Problemen. Mathematik unterrichten in einer offenen Lernumgebung. Hildesheim: Franzbecker

Krapp, A. (2007). Lehren und Lernen. In Tenorth, H. & Tippelt, R. (Hrsg.), Beltz Lexikon Pädagogik (S. 454-457). Weinheim u.a.: Beltz

Krenz, A. (2011). Was Kinder brauchen. Aktive Entwicklungsbegleitung im Kindergarten (8. Auflage). Berlin: Cornelsen.

Kersting, M. (2007). Einfluss der Ernährung. In Graf, C., Dordel, S. & Reinehr, T. (Hrsg.), Bewegungsmangel und Fehlernährung bei Kindern und Jugendlichen. (S. 21-38). Köln: Deutscher Ärzte-Verlag

Largo, R. H. (2010). Lernen geht anders. Bildung und Erziehung vom Kind her denken. Hamburg: Edition Körber-Stiftung

Lefrançois, G. (2015). Psychologie des Lernens (5. Auflage). Berlin u.a.: Springer

Leitzmann, C. & Keller, M. (2010). Vegetarische Ernährung. UTB Bd. 1868 (3. Auflage). Stuttgart: Ulmer

Montessori, M. (1934/2008). Grundlagen meiner Pädagogik. In Oswald, P. & Schulz- Benesch, G. (Hrsg.), Grundgedanken der Montessori-Pädagogik. Quellentexte und Praxisberichte. (21. Auflage (Neuausgabe), 1. vollst. überarb. und erw. Auflage). (15-35). Freiburg: Herder

Regensburger Projektgruppe (2001). Bewegte Schule – Anspruch und Wirklichkeit. Grundlagen, Untersuchungen, Empfehlungen. Schorndorf: Hofmann

Rinck, M. (2016). Lernen. Ein Lehrbuch für Studium und Praxis. Stuttgart: Kohlhammer

Rüegg, J. H. (2014). Gehirn, Psyche und Körper. Neurobiologie von Psychosomatik und Psychotherapie (5. Auflage). Stuttgart: Schattauer

Schulz, N. (1982). Das Rousseau-Bild in der Sportpädagogik. Kritik und Neuansatz. Schriften der Deutschen Sporthochschule Köln Bd. 7. Sankt Augustin: Richarz

Spitzer, M. (2007). Lernen. Gehirnforschung und die Schule des Lebens. Heidelberg: Spektrum

Stumpf, H.(2015). Die wichtigsten Pädagogen (3. Auflage). Wiesbaden: Matrix-Verlag

Stern, E., Schalk, L. & Schumacher, R. (2016). Lernen. In Möller, J., Köller, M. & Riecke- Baulecke, T. (Hrsg.), Basiswissen Lehrerbildung: Schule und Unterricht Lehren und Lernen. (S. 106-120). Seelze: Kallmeyer in Verbindung mit Klett

Thiel, A., Teubert, H., Kleindienst-Cachay, C. (2011). Die „Bewegte Schule" auf dem Weg in die Praxis. Theoretische und empirische Analysen einer pädagogischen Innovation (4. Auflage). Baltmannsweiler: Schneider-Verlag Hohengehren

Winkel, S., Petermann, F. & Petermann, U. (2006). Lernpsychologie. UTB Bd. 2817. Paderborn: Schöningh

Zimmer, R. (2014). Handbuch Bewegungserziehung. Grundlagen für Ausbildung und pädagogische Praxis. Freiburg: Herder

Internetquellen

Montessori Landesverband Rheinland-Pfalz (2019). Was zeichnet die Montessori-Pädagogik aus? Zugriff am 16.04.19. Verfügbar unter: www.montessorirlp.de/index.php/paedagogik

AOK Rheinland-Pfalz/Saarland (2019). Gesundes Leben. Zugriff am 09.05.19. Verfügbar unter: https://www.aok.de/pk/rps/gesundes-leben/